INTERNET
LES 500 MEILLEURS SITES
EN FRANÇAIS DE LA PLANÈTE

ÉDITION 1997

Collection «Réseau simplifié»
dirigée par Bernard Viau
et Danny J. Sohier

Ouvrages parus dans la collection

INTERNET – COMMENT CRÉER DES PAGES WEB
par Maryse Legault et Éric Soucy

INTERNET – COMMENT TROUVER TOUT CE QUE VOUS VOULEZ
par Louis-Gilles Lalonde et André Vuillet

INTERNET – LE GUIDE DES AFFAIRES
par Érick Van Houtte

INTERNET – LE GUIDE DE L'INTERNAUTE
par Danny J. Sohier

INTERNET – TCP/IP SIMPLIFIÉ
par Marc Blanchet

WINDOWS 95 – CRÉEZ DES INTERFACES GAGNANTES
par Daniel Lafrenière

Bruno Guglielminetti

INTERNET
LES 500 MEILLEURS SITES
EN FRANÇAIS DE LA PLANÈTE

ÉDITION 1997

Les Éditions
LOGIQUES

LOGIQUES est une maison d'édition reconnue par les organismes d'État responsables de la culture et des communications.

Révision linguistique: Claire Morasse, Corinne de Vailly
Mise en pages: André Lemelin
Graphisme de la couverture: Christian Campana
Photo de l'auteur: Alain Comtois

Distribution au Canada:
Logidisque inc., 1225, rue de Condé, Montréal (Québec) H3K 2E4
Téléphone: (514) 933-2225 • Télécopieur: (514) 933-2182

Distribution en France:
La Librairie du Québec, 30, rue Gay Lussac, 75005 Paris
Téléphone: (33) 1 43 54 49 02 • Télécopieur: (33) 1 43 54 39 15

Distribution en Belgique:
Diffusion Vander, avenue des Volontaires, 321, B-1150 Bruxelles
Téléphone: (32-2) 762-9804 • Télécopieur: (32-2) 762-0662

Distribution en Suisse:
Diffusion Transat s.a., route des Jeunes, 4 ter, C.P. 1210, 1211 Genève 26
Téléphone: (022) 342-7740 • Télécopieur: (022) 343-4646

Les Éditions LOGIQUES
1247, rue de Condé, Montréal (Québec) H3K 2E4
Téléphone: (514) 933-2225 • Télécopieur: (514) 933-3949

Les Éditions LOGIQUES / Bureau de Paris
Téléphone: (33) 3 44 22 63 64 • Télécopieur: (33) 3 44 22 45 52

Internet – Les 500 meilleurs sites en français de la planète (Édition 1997)

© Les Éditions LOGIQUES inc., 1997
Dépôt légal: Premier trimestre 1997
Bibliothèque nationale du Québec
Bibliothèque nationale du Canada

ISBN-2-89381-431-X
LX-532

Sommaire

Chapitre 3

Introduction

Alors, si je comprends bien, vous êtes du genre à commencer la lecture d'un livre à la première page. Eh bien, relaxez un peu. Grâce à ce petit guide, vous pouvez maintenant vous offrir le plaisir de vous balader entre les sections sans perdre le nord. Chaque section est indépendante et vous permet de découvrir un peu plus le visage francophone d'Internet. Mais, encore plus important, rassurez-vous, vous n'avez pas besoin de connaissances approfondies en informatique pour suivre les conseils ou comprendre les renseignements contenus dans ce guide. C'est aussi vrai pour ce qui est de la navigation sur Internet. Comment est-ce que je le sais? C'est que moi-même, je ne connais pas grand-chose au fonctionnement des ordinateurs. Tout comme mon téléphone ou ma voiture, j'ai beau ne pas savoir comment ils fonctionnent sous le capot, ça ne m'empêche pas de les utiliser de façon pratique et avec grand plaisir. Alors, pour naviguer sur Internet, vous devriez avoir la même approche. Une fois votre trousse de navigation Internet installée dans votre ordinateur (si vous avez à passer un mauvais moment, c'est probablement là que vous le vivrez...), pensez à la découverte et non pas à la machine.

Une nouvelle édition?

Un an est passé depuis la première rédaction du guide et, depuis, des sites sont apparus, se sont améliorés mais malheureusement d'autres se sont détériorés ou ont carrément disparu du monde virtuel. L'an dernier, d'une réédition à l'autre, j'ai donné les adresses des sites à jour, sans plus. Mais cette édition 1997 me donne la chance de réévaluer ma liste des 500 meilleurs sites en ajoutant les nouveautés apparues au cours des derniers mois. Le résultat, le livre que vous avez entre vos mains et ma sélection 1997. Pour la petite histoire et pour vous éviter des heures de comparaison entre l'édition 1996 et 1997, ça signifie 50 % de nouvelles adresses. En plus, j'ai ajouté de nouvelles sections dans cette édition 1997, par exemple une section pour les aînés.

Pourquoi un guide de la sorte?

Dans le cadre de mon travail, j'ai souvent l'occasion de rencontrer des gens qui font leurs premiers pas dans la découverte d'Internet. Et, dans la plupart des cas, ces nouveaux internautes passent leur première soirée, voire leur premier week-end, à naviguer sur les sites Web anglophones sans jamais déboucher sur un site francophone. Encore mieux, lors des sessions de formation que je dirige à l'occasion, je commence toujours la navigation avec un site francophone, et quelle n'est pas, chaque fois, la réaction des gens: «J'avais entendu parlé des sites Web en français, mais je ne savais pas comment les trouver sur Internet!»

Et pourtant, il y en a des sites francophones sur le World Wide Web. On parle maintenant d'un million de sites Web en français qui proviennent de partout à travers le monde. C'est d'ailleurs ce qui nourrit chaque semaine des sites de référence comme *Branchez-Vous* ou les *Chroniques de Cybérie* qui se spécialisent dans la présentation de nouveaux sites. Si les Québécois et les Français sont les pionniers en matière de sites Web francophones, les Suisses et les Belges commencent eux aussi à prendre leur place sur l'échiquier virtuel.

Alors, avec ce guide, je vous propose un tour d'horizon de la présence francophone sur Internet. Pendant que des tonnes de guides traduits de l'américain vous vantent les mérites d'Internet et vous offrent leurs listes des meilleurs sites (des sites de langue anglaise et probablement américains…), cette année encore, je vous convie à une visite de la cyber-francophonie! En plus des centaines de bonnes adresses de sites Web francophones, j'ai pensé vous offrir une sélection de questions qui me sont fréquemment posées. Et comme Internet, ce n'est pas uniquement le World Wide Web, je vous invite aussi à découvrir les ressources francophones offertes dans les forums de discussion (les *newsgroups*), un haut lieu d'échange d'information, mais aussi de propagande.

Et comme toute activité peut mener à l'abus, pour ceux d'entre vous qui naviguez déjà, j'ai pensé vous offrir un petit test clinique pour évaluer votre niveau de dépendance vis-à-vis d'Internet. Quant à ceux d'entre vous qui entamez votre aventure dans ce nouveau monde virtuel, lisez attentivement la liste des symptômes des internautes compulsifs. Ainsi, au premier signe, vous pourrez agir…

Avant que vous ne tourniez la page, un remerciement. Je dois remercier ma compagne de vie. Il y a plus de deux ans et demi maintenant que je navigue dans les eaux du grand réseau mondial à la recherche des trésors virtuels de la francophonie et sans la grande compréhension d'Annie, je ne pourrais passer autant d'heures à faire de la recherche. Merci, Annie!

Chapitre 1

Naviguer, c'est facile sauf que...
ou comment éviter les problèmes
et naviguer en paix!

Naviguer sur Internet, une fois branché à son fournisseur de services et le premier clic fait, c'est assez simple. Mais, malheureusement, comme dans la vie «non virtuelle» (la vraie vie, quoi...), il arrive des choses qui sont parfois bizarres, parfois mystérieuses. Heureusement, pour ce qui est d'Internet, on peut souvent trouver la solution, et c'est ce que j'essaie de faire depuis deux ans avec les réponses que je donne aux questions qui me sont posées par des auditeurs de Radio-Canada ou plus récemment par les lecteurs du journal *La Presse*. J'ai pensé partager avec vous quelques-unes des questions qui me sont le plus fréquemment posées.

Je veux me brancher, mais avec qui?

La réponse est courte: regardez autour de vous et discutez avec des amis ou connaissances qui sont déjà branchés sur Internet. Profitez de leurs bonnes et mauvaises expériences. Mais, plus sérieusement, regardez dans vos journaux et magazines locaux, vous trouverez sûrement des publicités de fournisseurs de services régionaux ou nationaux qui offrent une connexion avec Internet. Selon vos besoins, différentes options sont à envisager. Si vous désirez seulement une adresse électronique, vous pourriez peut-être regarder du côté d'un babillard électronique (BSS). Ces mini-réseaux privés vous offrent souvent un très bon prix par année pour avoir une adresse et un accès à différents groupes de discussion. Beaucoup plus généreux en services, mais plus gourmands question porte-monnaie, voyez les babillards commerciaux du style American Online ou Compuserve. Avec eux, vous avez une adresse électronique, un accès à des centaines de services spécialisés, des forums de discussion en plus d'une fenêtre sur Internet. Mais si c'est vraiment Internet qui vous intéresse — et si vous lisez ce guide, il y a de bonnes chances que ce soit le cas —, vous devriez vous brancher directement sur le Net avec les services d'un fournisseur de connexion Internet. Avant de vous brancher, si vous êtes à l'emploi d'une entreprise, vérifiez donc si votre employeur n'a pas déjà un compte Internet. Vous pourriez peut-être l'utiliser à l'occasion. Le conseil vaut aussi pour les étudiants. Vérifiez donc si votre institution offre l'accès aux terminaux branchés sur Internet.

Comment savoir si j'ai un bon fournisseur de services?

Il y a quatre éléments à surveiller dans le choix et l'évaluation d'un fournisseur de services. Et n'hésitez pas à poser des questions à un éventuel fournisseur. C'est encore la meilleure façon de savoir si un fournisseur est sérieux.

1. Le service…
    Pourrez-vous compter sur votre fournisseur lors de l'installation de votre trousse de navigation et pourrez-vous le joindre après 18 h? Bref, offre-t-il un service de dépannage en soirée et le week-end. Ce sont les moments où l'on trouve le plus grand nombre d'internautes naviguant de la maison. Si vous êtes en panne le vendredi soir, vous allez trouver la fin de semaine bien longue s'il n'y a pas de service de dépannage…

2. Combien de lignes téléphoniques le fournisseur a-t-il pour accueillir les modems de ses clients?

Un bon fournisseur tiendra sa moyenne à 10 clients par ligne. Avec davantage de clients par ligne, vous risquez d'attendre plus longtemps avant d'obtenir une communication aux heures de pointe. Et, entre nous, si l'envie vous prend de naviguer sur Internet, vous voudrez vous brancher immédiatement et non pas passer 15 ou 30 minutes devant votre ordinateur à écouter le bip d'une ligne téléphonique occupée. Moins de 10 clients par ligne, c'est le bonheur jusqu'à la fin de vos jours!

3. Le prix…

Parlez-en autour de vous, regardez dans les journaux. Là encore, la loi du marché est reine. Dans les grands centres, vous pourrez toujours obtenir de meilleurs tarifs grâce à la compétition, et en région, vous aurez souvent droit à un monopole de la connexion. Attention aux aubaines! Si vous trouvez un prix incroyablement bas, soyez bien sûr de demander au fournisseur le quota de lignes par client. Un petit fournisseur fera peut-être des prix de rêve pour se constituer une clientèle, mais en bout de ligne, il éprouvera de la difficulté à gérer la demande de service qu'il générera. Dans tous les cas, vous devriez prendre un forfait mensuel ou hebdomadaire pour mieux gérer votre temps de connexion. Avec l'expérience, je conseille maintenant aux gens de prendre un forfait avec un plus grand nombre d'heures de connexion pour le premier mois, question de pouvoir faire le tour du jardin sans se ruiner. À la fin du premier mois, vous pourrez mieux évaluer vos besoins et choisir le forfait qui vous conviendra le mieux.

4.   Les logiciels...
     Essentiels pour profiter d'Internet et l'élément le plus
     important une fois branché. Comme c'est un peu
     devenu la norme du marché, votre fournisseur devrait
     vous donner un logiciel de navigation, un de courrier
     électronique et un pour le transfert de fichiers. Du
     moins, à défaut de vous les offrir, il devrait vous facili-
     ter l'acquisition des logiciels.

     Alors, avez-vous un bon fournisseur?

*Est-ce que cela vaut la peine d'acheter des trousses de navi-
gation, quand je peux trouver gratuitement sur Internet des
logiciels qui font la même chose? Et, en plus, la technologie évolue si rapidement...*

On est devant un problème qui risque de ne pas se régler de
sitôt! Il est courant aujourd'hui d'avoir une nouvelle génération de produits Internet tous les six mois. Mais, pour ne
pas décourager les acheteurs potentiels, de plus en plus de
grands fabricants offrent maintenant une version gratuite
d'une nouvelle génération du produit au cours de la première année qui suit l'achat original. D'un autre côté, vous
pouvez aussi acheter des trousses de navigation du style
Internet in a box. Ce qui est intéressant dans ce concept,
c'est que vous retrouvez l'essentiel des logiciels dont vous
avez besoin pour utiliser les services offerts sur Internet.
Ces trousses permettent de simplifier les premiers pas d'un
débutant, autant à l'installation que pour l'utilisation quotidienne. À vous de choisir, maintenant, si vous désirez acheter un logiciel ou télécharger d'Internet, une version
périssable qui aura une durée de vie de quelques jours à
quelques mois.

Quel logiciel de navigation choisir?

La grande question! Les internautes du monde semblent y avoir répondu. Le *Navigator* de Netscape (***http://home.netscape.com/fr***) détient toujours la place du logiciel le plus utilisé dans le monde. En fait, selon les études et les sondages, environ 70 % des internautes l'utilisent. En deuxième place, dans le palmarès de bien des experts: *Explorer* de Microsoft (***http://www.fr.msn.com***). Et, pour les intéressés, le logiciel est offert gratuitement au site Web de Microsoft. Si vous visitez des sites produits en d'autres langues que l'anglais et le francais, vous pourriez également regarder du côté de chez Alis Technologie (***http://www.alis.com***), qui offre le logiciel *Tango*. Un logiciel de navigation multilingue, qui permet de modifier son interface du logiciel, en un clic, en 15 langues, et permet avant tout de visualiser et de lire correctement les sites réalisés en diverses langues. Et il y en a bien une bonne douzaine d'autres, pour la plupart offerts en magasin. Cela devient donc une question de préférence personnelle.

Y a-t-il un meilleur moment pour naviguer sur Internet?

Les meilleures conditions pour naviguer sur Internet ont souvent à voir avec l'équipement qui vous relie au réseau et le temps de la journée où vous naviguez. Évidemment, si vous avez une connexion rapide avec un modem de 33 600 bps ou 28 800 bps, vous voyagerez plus rapidement que quelqu'un qui a un 14 400 bps. C'est la même chose pour le lien entre votre fournisseur et son point de connexion avec Internet. Plus sa connexion vers le circuit principal d'Internet est rapide et directe, plus votre temps d'attente sera court. Il reste enfin la composante du trafic général. La majorité des internautes étant en Amérique du Nord, il faut être conscient des heures de pointe de la majorité pour éviter les bouchons sur l'inforoute. Il s'agit d'avoir navigué une seule fois à partir de l'Europe pendant que l'Amérique dort pour sentir la différence dans le temps de réponse. En semaine, la fin de la journée et la soirée sont des moments fort occupés. Si vous avez le choix, naviguez le matin en semaine ou le jour durant le week-end.

Pourquoi les gens écrivent-ils sans accents dans les forums de discussion ou dans les courriers électroniques?

La technologie ayant été développée d'abord par et pour les Américains, les fabricants d'équipement n'ont pas tenu compte de la réalité francophone, allemande ou espagnole lors de la fabrication des premiers logiciels. Présentement, votre fournisseur accepte peut-être bien les accents, mais en cours de route et lorsque votre message arrive chez le destinataire, son serveur n'accepte peut-être pas encore les accents, et vous vous retrouvez avec un message qui ressemble beaucoup plus à de l'encodage secret qu'à un message en français. Pour éviter cette situation, bon nombre d'internautes francophones ont accepté malgré eux d'écrire sans accents. Heureusement pour nous, de plus en plus de fabricants de logiciels deviennent conscients des marchés internationaux, et s'assurent de la compatibilité de leur système avec les autres langues du monde. Nous retrouverons bientôt nos accents!

Comment se protéger contre les virus sur Internet?

Démystifions le mythe: le virus n'est pas une petite bête à 18 pattes qui peut se faufiler dans votre ordinateur pendant que vous naviguez sur Internet. Un virus, c'est un programme. Et, comme tout programme, il faut d'abord le transférer sur son ordinateur et ensuite l'activer. Alors, évitez de télécharger ou de téléverser un logiciel dans votre ordinateur à partir d'un site que vous ne connaissez pas. Assurez-vous du sérieux de la compagnie ou du site avant de télécharger quoi que ce soit. Une fois le logiciel téléchargé sur votre ordinateur, utilisez votre système de détection de virus pour le vérifier. En passant, vous devriez remettre à jour votre système antivirus tous les six mois. Pour terminer, quand le logiciel est installé, revérifiez votre nouveau programme avec l'antivirus une seconde fois. Après ces deux étapes, vous devriez avoir la conscience tranquille et un ordinateur en bonne santé virtuelle.

Est-ce normal, je vois de l'hébreu sur un site de langue française?

À moins que vous ne visitiez un site écrit en hébreu avec un logiciel de navigation qui décode les langues étrangères, je crois que vous avez plutôt un problème de décodage. C'est heureusement un problème qui apparaît de moins en moins souvent avec la nouvelle génération de logiciels de navigation. Les premières générations avaient énormément de problèmes avec les accents et si les gestionnaires de sites Web n'encodaient par parfaitement leur site, vous aviez droit à une séquence de symboles bizarres. Heureusement, la technologie évolue et nos accents reprennent leur place.

Est-ce bien difficile d'ajouter des logiciels comme Real Audio *à mon logiciel de navigation?*

De plus en plus de gadgets sont proposés à l'internaute pour augmenter l'interactivité des sites Web. On n'a qu'à penser au *Real Audio* qui vous permet d'écouter des émissions de radio et des bulletins de nouvelles, aux *Java* et *Shockwaves,* qui animent des éléments d'un site, à *Quicktime,* qui vous permet de voir des vidéoclips ou à *VDOLive,* qui vous présente la télé en direct à la façon du *Real Audio*. Et tout ça vous est proposé gratuitement sur les sites qui vous offrent une programmation à écouter ou à regarder comme Radio-Canada (*http://www.radio-canada.com*) ou France 3 (*http://www.france3.fr*). Alors, si la vie vous intéresse, il n'y a qu'à les télécharger sur votre ordinateur et à les ajouter à votre logiciel de navigation. Vous vous demandez si c'est difficile? C'est un jeu d'enfant. Les logiciels de la nouvelle génération sont quasiment intelligents, car une fois sur votre ordinateur ils n'ont qu'à être activés en cliquant sur le fichier «télécharger» et hop! le logiciel est en place pour des heures de plaisir.

Pourquoi, lorsque j'arrive sur certains sites, dois-je attendre plusieurs secondes, sinon des minutes, pour voir enfin quelque chose sur mon écran?

J'imagine que cette situation se produit plus fréquemment lorsque vous arrivez sur un site généreux en images et graphiques. La vitesse à laquelle vous voyez apparaître des choses sur votre écran est due, en premier lieu, à une question de connexion. Plus vous avez une connexion rapide (modem de 28 800 bps et plus) vers Internet, plus rapidement les sites apparaîtront sur votre écran. Secundo, le trafic sur les réseaux d'Internet. Naviguez très tôt dans la journée et sortez le soir… Tertio, le site est peut-être achalandé au moment de votre visite. Même si le nombre de visiteurs sur un site au même moment peut être très élevé, rappelez-vous que nous sommes des millions à nous balader sur l'inforoute. Enfin, une solution à envisager, si le problème persiste, sélectionnez, dans votre panneau de configuration du logiciel de navigation, l'option qui vous présentera d'abord le texte des sites et ensuite les photos ou les graphiques.

J'hésite toujours quand vient le temps de lire les longs articles sur les sites Web, j'ai l'impression de gaspiller mon temps de connexion. Y a-t-il une solution?

Oui, et elle est très simple. Vous n'avez qu'à sauvegarder la page du site qui vous intéresse et la lire une fois débranché de votre fournisseur de services. Comment la lire? En utilisant votre logiciel de navigation qui est essentiellement un lecteur de fichiers de type HTML. Évidemment, les liens ne fonctionneront pas, mais vous pourrez toujours lire le texte et réutiliser cette même page, et utiliser ces liens une fois rebranché sur Internet.

J'ai reçu un ordinateur et avec l'ordinateur, on m'offrait un abonnement gratuit d'un mois à Internet. J'aimerais savoir si je devrais poursuivre avec ladite compagnie ou prendre un fournisseur local?

En consommateur averti que vous êtes, je vous invite à d'abord utiliser le temps gratuit que le fabricant ou le vendeur de votre ordinateur vous offre. Mais, au même moment, commencez à regarder autour de vous. Dans les pages des journaux et magazines spécialisés, vous trouverez un grand nombre de fournisseurs de services qui vous offrent le même service à de meilleures conditions que celui que vous avez présentement. À moins, évidemment, que la promotion à laquelle vous participez ne soit faite en conjonction avec un fournisseur local. D'ici là, un conseil de spécialiste, n'enregistrez pas tout de suite votre adresse électronique auprès des divers services de répertoire d'adresses. Attendez d'avoir choisi votre fournisseur, ce qui devrait se faire au plus tard dans un mois et puis, lancez-vous dans la publicité et la promotion de votre nouvelle adresse de courrier.

Je planifiais acheter un ordinateur dans les mois à venir, mais depuis j'ai appris l'existence du Webtv, je me demande si je dois acheter un ordinateur ou un Webtv.

D'abord, clarifions une chose, le Webtv n'a rien de comparable à un ordinateur, qu'il soit PC ou Mac. Pour le moment, le Webtv est tout simplement une petite console que vous branchez sur votre téléviseur et qui vous permet d'accéder à Internet. Avec cet appareil, vous ne pouvez pas faire de traitement de texte, calculer ou regarder votre cédérom préféré. La technologie progressant à une vitesse phénoménale, vous pourrez probablement faire tout cela très bientôt avec un Webtv ou un autre appareil du genre qui se branchera sur votre téléviseur. Pensez seulement à ce qu'offrent maintenant les consoles de jeux Séga et Nintendo. On est bien loin de nos matchs de tennis à deux palettes qui faisaient encore fureur il y a 15 ans. Mais, pour revenir à votre question, si vous désirez uniquement acheter un ordinateur pour vous brancher sur Internet, alors là, attendez un peu et investissez dans un Webtv. Pour 10 fois moins, vous pourrez quand même naviguer sur le Net et échanger du courrier électronique. Si vous désirez faire plus que ça, alors là, allez sans crainte vers un ordinateur et vous en aurez pour votre argent.

Je veux me lancer dans la fabrication de mon site Web personnel et je suis à la recherche d'un bon livre pour me guider. Avez-vous des suggestions?

Pour l'internaute qui désire fabriquer son site personnel, un bon livre en français: *Internet — Comment créer des pages Web* par Maryse Legault et Éric Soucy publié aux Éditions Logiques. Un bon petit livre qui vous initiera facilement aux rudiments du langage HTML. À souligner, d'ailleurs, la section en fin de livre où vous trouverez une variété de codes qui vous permettront de garder vos accents dans le monde virtuel. Il y a également d'excellentes références sur le Web, par exemple ces deux sites: *Faites votre page Web* (***www.accent.net/chahidb/pageweb.htm***) ou encore le *Manuel illustré de programmation en HTML* de Daniel J. Boivin et Laurent Gauthier (***www.grr.ulaval.ca/grrwww/ manuelhtml.html***). Si vous êtes déjà branché sur Internet, je vous recommande d'aller faire un tour sur ce genre de site spécialisé dans la confection de sites Web avant d'acheter quoi que ce soit. Avec un peu de chance, vous y trouverez tout ce dont vous avez besoin.

Il m'arrive souvent de recevoir comme réponse sur le Web: adresses inconnues, erreur d'adresse, ou NOT FOUND, et on dit « recherchez la bonne URL. Comment fait-on pour rechercher une adresse correcte (URL)?

Le nerf de la guerre dans ce cas-là, c'est votre sens créatif et logique et l'habitude de voir des adresses de sites Web. Je m'explique. Si l'adresse est erronée, mais que le site existe bel et bien, il ne reste plus qu'à trouver la bonne adresse. Prenez le temps de bien examiner les adresses des sites que vous visitez. Et, comme on doit toujours au moins attendre quelques secondes avant l'apparition d'un site devant nos yeux, vous aurez le temps de faire cet exercice pour mieux comprendre le fonctionnement des adresses Web (URL). Quand vous n'atteignez pas un site, la plupart du temps, il s'agit d'erreurs de typographie dans la retranscription de l'adresse. Exemple, je vous donne l'adresse d'un site qui entre ma voix et votre transcription s'est transformée et est devenue «***www.lenomdusite.comet***». En un simple coup d'œil, si on est habitué aux adresses Web, on peut reconnaître l'erreur: la dernière partie de l'URL «***.comet***» devrait plutôt être «***.com***» puisque actuellement, un nom de site peut seulement se terminer en .net, .org, .edu, .com ou par l'abréviation du pays d'origine du site (.ca pour Canada, .fr pour France). Deuxième truc, prenez le mot qui représente le mieux le site parmi les informations de l'adresse que vous avez et passez-le dans un moteur de recherche comme AltaVista. Toujours avec mon exemple, je prends «lenomdusite» et le mets dans un moteur de recherche. Quelques secondes passent et avec un peu de chance, vous obtiendrez l'adresse exacte et n'aurez qu'à appuyer sur l'hyperlien pour vous rendre sur le site désiré. Dans la majorité des cas, ces deux petits trucs vous sortiront du pétrin assez facilement. Si vous n'avez toujours pas la bonne adresse, visitez des sites Web qui ont des intérêts communs à celui que vous cherchez, vous y trouverez peut-être un lien vers votre site.

Chapitre 2

Alors, les bonnes adresses!

Les adresses gouvernementales

Gouvernement du Canada

Gouvernement du Canada
http://canada.gc.ca
   Le site officiel du gouvernement canadien.

Cabinet du Premier ministre
http://pm.gc.ca
   Le bureau virtuel du Premier ministre.

Internet parlementaire
http://www.parl.gc.ca/francais
   L'Internet parlementaire est un service conçu pour accéder
   aux publications officielles du Parlement et trouver des renseignements à caractère général et non partisan sur le rôle,
   l'histoire, les délibérations et les activités du Sénat, de la
   Chambre des communes et de la Bibliothèque du Parlement.
   Également offerts, l'adresse électronique et le numéro de
   téléphone et de télécopieur des députés en consultant la page
   des sénateurs et députés.

Citoyenneté et Immigration Canada
http://cicnet.ingenia.com
   Pour des renseignements sur le ministère, des faits saillants
   sur l'immigration et la citoyenneté, les numéros de nos centres de télémessages. Présente aussi des photos à caractère
   historique.

Info Source

http://www.qlsys.ca/TBS/Info_Source

Guide détaillé permettant de se renseigner sur le gouvernement du Canada, sur son organisation et sur ses fonds de renseignements en vertu de deux lois canadiennes: la Loi sur l'accès à l'information et la Loi sur la protection des renseignements personnels.

Ministère des Finances du Canada

http://www.fin.gc.ca/fin-fra.html

Un site intéressant à visiter même après la saison des impôts. En passant, vous pouvez y laisser un message pour le ministre. Alors, si vous croyez payer trop de taxes, voilà l'occasion...

Strategis

http://strategis.ic.gc.ca

Les ressources d'Industrie Canada sont à votre disposition. Vous avez accès à 300 000 documents qui proviennent des sources les plus à jour publiées par Statistique Canada, l'OCDE et des gouvernements étrangers. Une petite mine d'or pour qui veut se renseigner sur le commerce au Canada et à l'étranger.

Statistique Canada

http://www.statcan.ca/start_f.html

Tout ce dont vous pouvez rêver à propos d'un site de statistiques. Des sondages, l'accès aux études du jour et même un service de recherche par mot clé. Un petit bijou, quoi!

Archives nationales du Canada

http://www.archives.ca

Pour mieux connaître le service, en particulier concernant la généalogie, l'assistance aux chercheurs et, pourquoi pas, terminer avec un tour à la boutique.

Bibliothèque nationale du Canada
http://www.nlc-bnc.ca

> Une collection électronique impressionnante qui comprend des livres et des périodiques canadiens publiés sur Internet en plus de l'accès au catalogue de la Bibliothèque nationale.

Commissariat aux langues officielles
http://ocol-clo.gc.ca

> Pour mieux connaître vos droits en matière de langue officielle.

Conseil de la radiodiffusion et des télécommunications canadiennes (CRTC)
http://www.crtc.gc.ca

> Si le monde des communications vous intéresse. Ici, tout y est pour tout savoir sur les dernières audiences du CRTC, les derniers jugements du conseil.

Élections Canada
http://www.elections.ca

> Pour en savoir un peu plus sur le processus électoral canadien.

Gendarmerie royale du Canada
http://www.rcmp-grc.gc.ca

> Les renseignements sur les fonctions et les services de la police nationale du Canada.

Ministre de la Défense nationale
http://www.debbs.ndhq.dnd.ca

> Information au sujet du ministère et des forces armées canadiennes.

Conseil des arts du Canada
http://www.ffa.ucalgary.ca/cc
> Site Web de l'organisme canadien chargé de la promotion des arts.

Monnaie royale canadienne
http://www.rcmint.ca
> Si l'histoire et la fabrication du dollar canadien vous intéressent.

Gouvernement du Québec

Gouvernement du Québec
http://www.gouv.qc.ca

L'Assemblée nationale du Québec
http://www.assnat.qc.ca
> Présentation de l'institution bicentenaire, ainsi que les règles qui assurent les travaux législatifs, les structures qui régissent son administration et les programmes qui en permettent le rayonnement institutionnel. Pendant votre visite, prenez un moment pour signer le Livre des visiteurs de l'Assemblée nationale.

Office de la langue française du Québec
http://www.olf.gouv.qc.ca
> Un excellent site de référence en matière de linguistique. À consulter pour sa section au sujet du français dans les technologies de l'information et son guide «Vocabulaire d'Internet».

Communications Québec
http://www.comm-qc.gouv.qc.ca/
> Informations sur les programmes et services du gouvernement du Québec.

Tourisme Québec
http://www.tourisme.gouv.qc.ca/

Le site touristique officiel du gouvernement du Québec. Vous y trouverez un panorama des principaux attraits, manifestations et activités touristiques du Québec.

Secrétariat de l'autoroute de l'information
http://www.sai.gouv.qc.ca

On y trouve les orientations gouvernementales, la stratégie de mise en œuvre de l'autoroute de l'information au Québec.

Archives nationales du Québec
http://www.anq.gouv.qc.ca

Tous sur le mandat des Archives nationales, sur son rayonnement, sur les services offerts à la population et aux partenaires.

Bibliothèque nationale du Québec
http://www.biblinat.gouv.qc.ca

Le site présente les différents services et rôles de la Bibliothèque nationale.

Ministère du Revenu du Québec
http://www.revenu.gouv.qc.ca/revenu/mrqwww0f.html

Le site préféré des contribuables québécois. On peut y trouver de l'information avant, pendant et après la saison de la déclaration des revenus. Mieux encore, on peut y laisser un message pour le ministre.

Commission des normes du travail
http://www.cnt.gouv.qc.ca

Différentes rubriques pour informer les contribuables québécois de leurs droits et responsabilités en matière de travail.

Ministère de la Sécurité du revenu
http://www.msr.gouv.qc.ca
> Un kiosque d'information sur les divers programmes et services offerts par le ministère.

Le Protecteur du citoyen
http://lys.sgo.gouv.qc.ca/ombuds
> Organisme indépendant ayant pour rôle de surveiller et de faire corriger les négligences et abus des ministères et organismes du gouvernement du Québec.

Provinces du Canada
(Seules les provinces qui offrent le service en francais font partie de cette liste.)

Île-du-Prince-Édouard
http://www.gov.pe.ca/info

Nouveau-Brunswick
http://www.gov.nb.ca

Ontario
http://www.gov.on.ca/MBS/french

Manitoba
http://www.gov.mb.ca/french

France

Site du Premier ministre et du Gouvernement
http://www.premier-ministre.gouv.fr
> Pour tout savoir sur le premier ministre, son gouvernement, sa résidence et son agenda!

L'Assemblée nationale française
http://www.assemblee-nat.fr
> Pour une visite virtuelle du Palais Bourbon.

Ministère français des Affaires étrangères
http://www.france.diplomatie.fr

> On y trouve des renseignements sur la France, en plus d'informations pratiques pour s'y installer, y étudier ou pour des Français vivant à l'extérieur de leur pays.

Conseil supérieur de la langue française
http://www.culture.fr/culture/dglf/garde.htm

> Avec un lien vers la Délégation générale à la langue française.

Ministère de la Culture
http://www.culture.fr

> Pour découvrir les divers programmes et événements organisés par le ministère.

Ministère français délégué à la Poste, aux Télécommunications et à l'Espace
http://www.telecom.gouv.fr

> Pour savoir où va la France avec sa poste, son téléphone et sa fusée!

L'Explorateur culturel de l'ambassade de France
http://www.ambafrance.org

> C'est la tour Eiffel qui vous accueille, et vous donne le choix de vous informer ou de vous divertir. Un site à visiter juste pour l'originalité de la présentation et, évidemment, l'intérêt de son contenu.

AdmiFrance
http://www.admifrance.gouv.fr

> L'annuaire des services Internet de l'administration française.

Suisse

Les autorités fédérales de la Confédération suisse
http://www.admin.ch
> La Suisse vous accueille à son site pour une présentation très officielle de ses institutions et de son appareil parlementaire. On y trouve aussi la liste des membres de l'Assemblée fédérale et toutes les votations populaires depuis 1948.

Statistique de la Suisse
http://www.admin.ch/bfs
> La Suisse en chiffres: population, consommation, production, chiffres d'affaires, taux de chômage, etc.

Belgique

Service fédéral belge d'information
http://belgium.fgov.be
> Un site très formel offert par le Service fédéral d'information belge. En consultant le site, vous trouverez toutes sortes d'informations diffusées par l'État fédéral belge sur Internet.

Ministère belge des Affaires étrangères
http://diplobel.fgov.be
> Information pour les Belges en déplacement à l'extérieur du pays.

Le médiateur de la région wallonne
http://www.promin.be/medreg.htm
> Le site de l'Ombudsman des francophones de Belgique.

Francophonie

Agence de coopération culturelle et technique (ACCT)
http://francophonie.org
> Le site de cette organisation intergouvernementale de la francophonie offre plusieurs documents au sujet de la présence francophone sur Internet.

Centre international pour le développement de l'inforoute en français
http://www.cidif.org

Une initiative du Nouveau-Brunswick pour promouvoir la francophonie sur les inforoutes.

AFESR
http://www.refer.qc.ca/AUPELF.html

Agence francophone pour l'enseignement supérieur et la recherche.

La Lettre de la francophonie
http://www.francophonie.org/lettre

Le bulletin de liaison de l'Agence de coopération culturelle et technique, organisation intergouvernementale de la francophonie mondiale.

Maison de la francité
http://www.synec-doc.be/francite

Un site belge qui se veut le reflet de la défense et de l'illustration de la culture et de la langue françaises.

Pour suivre l'actualité d'Internet

Branchez-vous
http://www.branchez-vous.com

Un excellent magazine électronique pour suit l'actualité du Web francophone. À vrai dire, c'est un incontournable pour qui veut suivre l'évolution du Net francophone.

Multimedium
http://www.imaginor.qc.ca/multimedium

La revue électronique des nouvelles technologies de l'information au Québec. Les auteurs de ce magazine ont réussi à faire leur nid dans un environnement déjà généreux en magazines de la sorte. Un magazine à mettre à vos signets.

Benefice.net
http://www.benefice.net

Du même groupe de presse que le site Branchez-vous. Ce magazine surveille l'industrie du multimédia avec un angle plus commercial. C'est «le média des cyber-entrepreneurs».

Chroniques de Cybérie
http://www.cyberie.qc.ca/chronik

Un bulletin hebdomadaire qui présente les nouveautés francophones du Web. Comme le bon vin, la chronique se bonifie au fil des mois avec un regard de plus en plus critique et une réflexion des plus intéressantes sur l'évolution du Web. Un conseil, abonnez-vous et recevez le bulletin directement dans votre courrier électronique. C'est gratuit et vous ne manquerez pas un numéro!

Libération – Multimédia
http://www.liberation.fr/multi

Le site Web du cahier multimédia du quotidien parisien.

Section multimédia du Monde
http://www.lemonde.fr/multimedia

Une foule de nouvelles, des évaluations de logiciels et de jeux vous y attendent.

Chronique Inforoute
http://www.vir.com/~wily/inforoute/planete.htm

L'excellente section Planète du quotidien montréalais *Le Devoir* est archivé sur ce site.

Info Informatique – Info Net
http://www.radio-france.fr/france-info/jcolombain

Les textes des chroniques informatiques et Internet du journaliste français Jérôme Colombain. Ses chroniques sont diffusées à l'antenne de Radio-France.

Netsurf

http://www.netsurf.ch/quoideneuf

Une revue de presse spécialisée dans le domaine des nouvelles technologies, publiée tous les jours de la semaine par une journaliste suisse.

Pixels

http://www.symbiose.qc.ca/pixels

Un magazine spécialisé en design et conception Web avancée pour ceux qui veulent mettre la main à la pâte virtuelle.

Québec Web Dép@rt

http://www.webdepart.com

La mission du site est d'offrir diverses informations reliées au monde du Web. Il se présente comme un carrefour d'échange d'informations utiles aux internautes francophones.

Cyber-rubrique

http://www.france2.fr/internet/cyber.htm

Chronique d'actualité Internet sur le serveur de la chaîne de télévision France2.

Direction informatique

http://www.direction-informatique.qc.ca

Un condensé de l'information informatique du jour en plus d'une sélection d'articles déjà publiés dans la version papier du magazine.

Bienvenue chez Élaine

http://pages.infinit.net/coulem

Un site sans prétention qui nous offre les chroniques hebdomadaires d'une internaute québécoise à la découverte d'Internet. Et comme elle le dit elle-même: «Le but de ces pages est avant tout de vous divertir... en français.»

Répertoires de sites

La Toile du Québec

http://www.toile.qc.ca

> Le site par excellence pour découvrir les bonnes adresses du Québec.

La Piste francophone

http://www.toile.qc.ca/francophonie

> La piste francophone regroupe les sites à travers le monde qui retracent et commentent la présence francophone sur Internet. Initiative de La Toile du Québec.

Communipomme Inc.

http://granby.mtl.net/pomme/signets.html

> Site de Robert Blondin, un répertoire de qualité réalisé au gré des navigations d'un grand aventurier de la radio.

Canadiana

http://www.cs.cmu.edu/afs/cs.cmu.edu/user/clamen/misc/Canadiana/ LISEZ.html

> La version française du grand répertoire des ressources canadiennes disponibles sur le Web; gracieuseté de la Carnegie Mellon University.

Village électronique francophone

http://www.village.ca

> Une initiative franco-ontarienne qui utilise le concept d'Internet au pied de la lettre et offre maintenant un grand village global pour les francophones du Canada qui habitent hors-Québec.

Interlude

http://www.uquebec.ca/Serveurs/RES/interlude.html

> Le concepteur du site le décrit comme un «point de départ ludique pour Internet». Que vous soyez d'accord ou pas, c'est quand même plus de 1 500 sites qu'il nous présente.

Le Web en France

http://www.urec.fr/France/web.html

Probablement ce qui existe de mieux en fait de grand répertoire de la présence française sur le Web. Sur fond de carte de France, vous pouvez faire votre recherche par région, par ordre alphabétique ou encore par sujet. Si vous cherchez quelque chose concernant la France, c'est le premier site à consulter.

Le coin des francophones et autres grenouilles

http://instruct1.cit.cornell.edu/~agl1/grenouille/Welcome.html

Un grand répertoire suisse très populaire pour découvrir la filière francophone du Web. C'est un des plus vieux sites du genre.

Internet en français

http://www.uqat.uquebec.ca/~wwweduc/litterature.html

Un répertoire fort complet, un véritable travail de moine.

Internet & World Wide Web

http://www.iway.fr/staff/jcpatat/infos/WWW.html

Initiative de Jean-Christophe Patat, ce site devient, à l'usage, un point de départ intéressant pour le débutant qui veut améliorer son utilisation d'Internet. Déjà après quelques visites du site, vous devriez optimiser votre utilisation d'Internet. Un guide du mieux-vivre Internet...

Francité

http://www.francite.com

Un répertoire de sites francophones à la mode Yahoo!

L'Afficheur québécois

http://www.netedition.qc.ca

Répertoire francophone des sites québécois sur le réseau Internet.

Le fureteur québécois
http://fureteur.multi-medias.ca
>Un agent de recherche pour le Web québécois. Il vous permet également de chercher dans un site Web en particulier.

France Pratique
http://www.pratique.fr
>Un fournisseur francais de services Internet qui offre un bon point de départ.

Guide Internet
http://www.nctech.fr/NCTech/html/Francais/GuideInternet.html
>Un mégarépertoire de sites Web francophones.

Sympatico
http://www2.sympatico.ca
>Excellent point de départ pour la navigation francophone. Bel exemple pour un serveur...

La culture francophone, c'est chouette!
http://www.epas.utoronto.ca/french/sites
>Un répertoire de sites francophones rédigé en collaboration avec l'ambassade de France à Ottawa et le département d'études françaises de l'Université de Toronto.

Webs d'Or
http://www.france.com/webdor
>Un concours organisé par une firme française installée aux États-Unis. Le but: découvrir par vote populaire les meilleurs sites Web francophones dans divers domaines. C'est avant tout un excellent répertoire qui nous fait découvrir de nouveaux sites à chaque visite.

Le TOP125 des Suisses

http://www.webdo.ch/top125.html

Une sélection des 125 meilleurs sites Web selon la rédaction de *L'Hebdo de Lausanne*. Encore cette année, quelques bons sites Web francophones, mais, pour la plupart, des adresses américaines. L'an prochain, on aura peut-être droit à une plus grande sélection francophone...

Yellow Web

http://www.yweb.com/home-fr.html

Le Guide du Web européen avec les nouveautés de la semaine et un grand répertoire par champ d'intérêt.

Index mondial de la Finance

http://www.qualisteam.com/catal.html

Un répertoire de sites Web du monde de la finance internationale.

Un lien vers l'inconnu

http://www.toile.qc.ca/cgi-bin/hasard/

Une initiative de La Toile du Québec qui permet de découvrir, au hasard, un site répertorié dans la base de données des éditeurs.

@ Québec: Tout l'Internet à Québec

http://aquebec.clic.net

Le répertoire des ressources Web de la Vieille capitale. Les ressources sont regroupées sous deux grands thèmes: le Grand Livre Blanc pour les pages personnelles des usagers de Québec et le Grand Livre Jaune pour toutes les adresses de sites corporatifs et institutionnels.

Franco.ca

http://www.franco.ca

Un lien avec la francophonie canadienne. On y retrouve des adresses électroniques, un coin correspondance, des chroniques et des entrevues avec ceux qui créent le contenu de langue française au Canada.

Acadie-Net

http://www.rbmulti.nb.ca/acadie/acadie.htm

Acadie-Net se veut le lieu de rencontre des Acadiens, Acadiennes, de leurs amis et des gens qui veulent faire affaire avec eux.

CultureNet

http://www.culturenet.ca

Un répertoire central de renseignements et de liens culturels canadiens. CultureNet veut devenir un centre de ressources pour l'industrie culturelle canadienne.

Guide de l'Internet culturel

http://www.culture.fr/culture/autserv/autserv.htm

Le ministère français de la Culture a créé un grand répertoire de la présence francophone reliée au monde culturel.

Sam le référenceur

http://sam.acorus.fr/referenceur/liste_franco.htm

Un grand répertoire d'outils de recherche francophone.

Magazines électroniques

The (virtual) baguette

http://www.club-internet.fr/baguette

Un magazine qu'on dévore des yeux. Chaque numéro de la *Baguette* présente divers aspects du mythe français. C'est ce magazine qui nous a offert le premier spécial bidet! En plus, il suit de très près l'évolution de la cyberculture. On lui doit l'entrevue du siècle avec le cybergroupe Error 404.

Planète Québec

http://www.planete.qc.ca

C'est probablement ce qui se rapproche le plus d'un magazine traditionnel sur le Net québécois. On y retrouve des chroniques variées et des billets signés par de grands noms. Un des sites québécois qui a le mieux vieilli et qui nous présente un nouveau visage en 1997. À revisiter!

Matinternet

http://www.matin.qc.ca

Le premier quotidien électronique du Québec. Depuis son arrivée, quelques médias traditionnels sont apparus sur le Net, mais le *Matinternet* a toujours réussi à garder une longueur d'avance en présentant un produit qui plaît à un grand nombre d'internautes.

Periph Webmagazine

http://www.imaginet.fr/~periph

Un magazine loisirs et culture pour les cyber-décalés francophones de la planète.

FrogMag

http://web.cnam.fr/frogmag/

Un magazine électronique français rédigé par ses lecteurs qui traite de la présence francophone sur Internet. Vous pouvez le consulter sur le site ou encore vous y abonner.

E-M@G Drummondville

http://drummond.com/emag/emag.exe?region=drumm

Voilà le cybermagazine de Drummondville. À la fois magazine avec de nombreuses rubriques, il est aussi un répertoire régional qui souligne la présence des sites de la région du Cœur du Québec sur le Net francophone.

Magnet

http://www.pratique.fr/magnet

Un quotidien électronique qui traite de l'actualité française en plus de couvrir la nouveauté et l'actualité Internet.

La souris d'Amérique

http://www.souris.net

Un mensuel qui présente une foule d'articles chaque mois, un peu comme un magazine traditionnel.

L'Œil

http://www.alpes-net.fr/~amco

Magazine électronique français des logiciels et des technologies liés à Internet.

Global Reportage

http://www.globalreportage.com

Un magazine électronique dans lequel vous trouverez des informations et des démonstrations de nouveaux logiciels qui se développent sur le Web. Sur place, on vous invitera même à vous inscrire à une liste d'envois mensuels afin de recevoir plus régulièrement des renseignements. Un magazine bilingue.

Clone

http://www.imaginet.fr/clone

Le cybermagazine branché de la cyberculture et de l'univers virtuel… J'y perds mon latin à chaque visite, mais ça vaut la peine de s'y rendre au moins une fois.

Nirvanet

http://www.nirvanet.fr

Difficile de décrire le site francophone le plus branché du cybermonde. Trois langues, l'anglais, le français et l'espagnol. Deux mille pages, trois univers, un magazine électronique mensuel (Nirvanetzine), et plein d'autres activités, comme le Cyberthéâtre, la radio Nirvanet, le forum, et le rendez-vous CU SeeMe quotidien.

Voilà

http://www.wp.com/voila

Un magazine euh... scientifique! Les scientifiques et leurs amis ont aussi droit à de la relaxation pour leurs neurones. Et ce magazine les aide en offrant, par exemple, une vraie photo d'un trou noir en gros plan. À visiter pour la science.

TidBITS

http://www.tidbits.com/tb-issues/lang/fr

Version française d'un magazine électronique américain traitant du monde du Macintosh.

UZine

http://www.mygale.org/09/uzine

L'idée de base d'uZine est très simple: un site commun partagé par plusieurs webmestres de quelques sites Web qui ont entrepris de se concerter afin de confronter leurs visions du Net et en même temps d'en faire bénéficier les internautes.

Informations pratiques pour l'internaute

Introduction à Internet

http://spiff.bibl.ulaval.ca/intro_internet

L'auteur et professeur Danny J. Sohier offre les notes de son cours à l'Université Laval sur le Web.

Nouveau Guide d'Internet
http://www.imaginet.fr/ime

Un excellent guide français «en-ligne» pour découvrir le réseau Internet et les différents outils offerts pour maximiser son utilisation.

Cours d'introduction à Internet
http://www.explora.com/fr-cours-intro.html

Le site se veut un outil d'introduction à Internet. Il décrit, de façon simple, les origines, la croissance et un peu l'avenir du réseau. Vous y trouverez aussi des renseignements plus pratiques. Si le nom Arpanet ne vous dit rien, vous pourriez tirer le plus grand profit d'une petite visite à ce site.

Cours Internet en Gestion
http://canarie.hec.ca/~p216

Le site Web d'un cours offert à la session Hiver 1997 dans le cadre du Certificat en informatique pour gestionnaire de l'École des Hautes Études Commerciales de Montréal. C'est comme être à l'université, le sourire des professeurs en moins…

Internet et affaires
http://www.qbc.clic.net/~carl/ban

Les 10 erreurs les plus fréquemment commises par les gens d'affaires ou les responsables d'organismes privés ou publics.

Internet au bout des doigts
http://www.neomedia.com/iabdd

Une version électronique qui vient compléter le guide québécois.

La nétiquette des groupes de discussion
http://www.fdn.org/fdn/doc-misc/SavoirComm.html

Le savoir-vivre et le savoir-communiquer dans les forums d'échange.

Comment trouver une adresse e-mail

http://www.fdn.fr/fdn/doc-misc/find-e-mail-add

Voilà un site que vous aurez à visiter un jour ou un autre pour savoir comment retrouver une adresse de courrier électronique...

SPAM.Anti

http://ourworld.compuserve.com/homepages/Yves_Roumazeilles/spa mantf.htm

Un site français réalisé spécialement pour tous ceux qui ont en horreur le «junk mail» et le courrier électronique non sollicité et qui s'efforcent d'en réduire l'impact négatif.

Inform@tique.fr

http://ourworld.compuserve.com/homepages/david_chemla/info-fr.htm

Le carrefour de l'informatique francophone. Que vous parliez de presse informatique, d'annuaire d'entreprises ou de tout autre sujet connexe à l'informatique francophone, vous trouverez ici «chaussure à votre pied».

Win95 mensuel

http://www.odyssee.net/~pep/win95

Un magazine électronique qui traite du système Windows. En plus des articles et des archives des numéros déjà publiés, on trouve également une section sur les partagiciels offerts sur Internet.

Les MOOndes virtuels

http://www.mlink.net/~martini/moondes.html

Miss Moo elle-même, Martine Gingras, vous fait découvrir le monde virtuel des MOOs du monde. Un des rares sites sur le sujet qui arrive à bien vulgariser cette «réalité» du cyber-monde. En plus, c'est en français!

Libertel de Rimouski

http://www.ecld.org

C'est donc le Libertel de Rimouski qui fait un pied de nez aux organisateurs de Montréal et devient le premier Libertel québécois. Bel exemple de collaboration dans une petite collectivité de l'est du Québec!

Les cracks d'Internet

http://www.infobahnos.com/~gilray

Ce site est utilisé dans le cadre d'un cours d'introduction au réseau Internet, mais rien ne vous empêche d'utiliser ses différents liens pour découvrir les méandres d'Internet d'une façon un peu plus encadrée.

Association des utilisateurs d'Internet (AUI)

http://www.aui.fr

Vu le nombre d'utilisateurs francophones, il fallait bien qu'un jour quelqu'un y pense. C'est en France que l'on trouve la première association du genre. Son but est de promouvoir le développement et la démocratisation de l'utilisation des réseaux électroniques de communication, notamment Internet.

Conseils pour construire un site Web

World Wide Web

http://web.urec.fr/docs/WWW/WWW.html

Avec un nom comme le sien, il est évident que ce site s'intéresse au Web. Mais, en plus, vous y trouverez de l'information fort pertinente pour réaliser votre propre site Web.

Trucs pour aider à construire sa page d'accueil

http://www.qbc.clic.net/~mephisto

Ici, on vous donne un coup de main pour réaliser votre propre site Web. On a même poussé la bonté jusqu'à mettre des liens vers des exemples de sites dignes de mention, mais aussi vers des désastres, des exemples de mauvais goût.

Programmer en HTML
http://www.imaginet.fr/~milan/info/Guide.html

Un petit site coup de pouce pour qui voudrait se lancer dans la réalisation de sites Web. C'est une adaptation française d'un site américain.

Manuel illustré de programmation en HTML
http://www.grr.ulaval.ca/grrwww/manuelhtml.html

Probablement le meilleur guide de référence en matière de programmation HTML offert en langue française sur le Web. Une initiative de Daniel J. Boivin et Laurent Gauthier, du Département de génie rural de l'Université Laval, à Québec.

Image etc.
http://www.atinternet.fr/image

Un site à visiter si vous faites, de façon professionnelle ou occasionnelle, de la mise en pages HTML. On trouve sur ce site de l'information et des démonstrations de techniques de traitement d'images pour Internet. Un site à découvrir...

Les bâtisseurs de l'inforoute
http://www.CJL.qc.ca/batisseurs

Un site incontournable pour l'entrepreneur qui pense développer un site Web pour son entreprise. Le site offre, entre autres, un répertoire qui dresse une liste des firmes québécoises offrant aux entreprises des services allant de l'analyse des besoins à la conception de sites sur le World Wide Web. Une section à consulter absolument: «Ce qu'un décideur veut savoir avant d'investir sur Internet.»

Outils de recherche

Pour localiser un site Web de langue française, rien de mieux qu'un des nombreux sites de recherche qui se spécialisent dans le domaine de la présence francophone sur Internet.

La Toile du Québec
http://www.toile.qc.ca

Carrefour.net
http://www.carrefour.net

Yahoo! France
http://www.yahoo.fr

Francité
http://www.i3d.qc.ca

Index.qc.ca
http://www.index.qc.ca

Lokace
http://lokace.iplus.fr

Ecila
http://ecila.com

Nomade
http://www.nomade.fr

Echo
http://echo.fr

Fureteur québécois
http://www.fureteur-quebecois.com

All-in-one-search
http://www.media-prisme.ca/all/all1user.html

Alta Vista (accepte les accents)
http://altavista.digital.com

Jeux

Le Palace

http://www.franceweb.fr/LePalace/

Un lieu de discussions et de rencontres francophones aménagé dans un somptueux palace en trois dimensions.

Catacombes Palace

http://www.franceweb.fr/LePalace/cataimages.html

Catacombes Palace c'est une visite dans le Paris secret, le Paris en-dessous de Paris, un Paris virtuel où seuls une minorité d'initiés peuvent accéder. Passez voir si vous pourrez être des heureux élus.

Le Bal du Prince...

http://www.enst.fr/~kaplanf/CP/bdp/bdp.html

Un jeu de rôle en français dont vous êtes l'héroïne.

Tremingo

http://www.cybertheque.fr/tremingo/french_wwwt.html

Un jeu de vocabulaire, mais aussi de mémoire. Il s'agit de découvrir des mots cachés derrière des cases de couleur. Vous pouvez jouer seul ou avec des partenaires.

Mesurez vos connaissances

http://ellesmere.ccm.emr.ca/wwwnais/quiz/french/html/quiz_m.html

Vous croyez être bien futé parce que vous lisez ce guide et que vous êtes branché sur Internet? Mais êtes-vous vraiment un bon navigateur dans le vrai monde? Vous y retrouveriez-vous facilement dans la géographie canadienne? Le service d'information de l'atlas international vous lance un défi avec son jeu-questionnaire interactif sur la géographie canadienne.

Échecs et Web!
http://www.toile.qc.ca/theme/echecs

Si vous êtes amateur d'échecs, voici votre paradis virtuel! Échecs et Web est ce qu'il y a de plus complet en matière d'échecs en français sur le Web. Des liens, des contacts, des activités, mais surtout, les ressources pour vous permettre de jouer en direct avec des adversaires du monde entier.

Répertoire Jeux de Connectik
http://www.connectik.fr/html/Francais/Jeux.html

Un rendez-vous pour les amateurs de jeux vidéo. Le serveur français Connectik a compilé pour eux un répertoire des sites Web sur les jeux vidéo, électroniques et interactifs.

Cyberg@mes
http://www.geocities.com/TimesSquare/4485

Un petit magazine très bien fait qui traite des jeux électroniques.

Forum Jeux de Somi
http://www.cyberbar.be/kali

Un site référence pour ce qui est des jeux électroniques. Évaluation, démonstration et forum de discussion font de ce site un *must* pour le joueur branché!

Le Ouaib Joystick
http://www.joystick.fr/akeuye.html

La version Web du magazine français spécialisé dans les jeux vidéo.

CyberRébus
http://ww.total.net/~lparadis/rebus/index.htm

Si vous êtes du genre à chercher la signification de toute chose, ce site est pour vous. Un vrai jeu de 25 rébus à résoudre.

Le Cruciverbiste

http://www.odyssee.net/~gillesr

Amateur de mots croisés, vous devez visiter ce paradis virtuel de votre passe-temps favori. Le site est simple, et on peut rapidement commencer ses premiers mots croisés. Si vous le désirez, vous pouvez également les imprimer et les faire plus tard...

Énigmes et Jeux

http://www.synapse.net/~euler/maths/enigjeux.htm

Un site pour les amateurs de jeux de probabilité et de logique.

Pile logiciels

http://www.vir.com/~pile

Avis à tous les cruciverbistes du monde, amateurs comme professionnels, il existe un logiciel pour créer vos propres mots croisés virtuels. Plus de détails sur le site.

Club Concours

http://www.club-concours.qc.ca

Un regroupement de renseignements sur les concours auxquels vous pouvez participer. On y trouve aussi un bulletin d'informations pour suivre l'actualité des concours.

Groupe de joueurs par réseau

http://www.mygale.org/07/mnpg514

Ce site est réservé aux utilisateurs de jeux multijoueurs fonctionnant par modem et sur Internet. Il ne possède aucune option pour jouer directement en-ligne sur Internet. Mais il vous donne une liste de joueurs locaux et outre-mer avec qui vous pouvez communiquer par l'entremise du courrier électronique pour vous organiser un match un contre un ou à plusieurs.

ETAJV
http://www.cadrus.fr/~jstolfo/etajv.html

Vous cherchiez depuis des lunes le petit truc pour vous faire avancer d'une étape dans votre jeu vidéo préféré, eh bien ne cherchez plus. Voici l'Encyclopédie des trucs et astuces de jeux vidéo avec des trucs pour plus de 450 jeux.

Sites pour jeunes seulement

Premiers pas sur Internet
http://www.imaginet.fr/momes

Un site français pour le jeune internaute qui débute sur Internet. On y offre des liens vers des sites destinés aux enfants, et on vous permettra également de vous mettre en contact avec d'autres jeunes internautes francophones du monde entier qui veulent correspondre.

AdoMonde francophone
http://www.quebectel.com/adomonde

Un carrefour pour jeunes où l'on trouve, entre autres, un journal interactif et un forum de discussion pour jeunes. Sur ce site, les ados sont maîtres d'œuvre et les nouveaux participants sont toujours les bienvenus.

Journal des enfants
http://www.jde.fr

Le JDE, le premier journal d'informations pour les enfants en France, propose sur Internet une version allégée de son édition sur papier.

La Jeune Presse
http://www.musiqueplus.com/jeunepresse

Le site Web des adolescents, une collaboration de MusiquePlus et du quotidien *La Presse* de Montréal.

À la découverte de Tintin

http://www.synapse.net/~areopage/tintin/tintin.htm

Le premier site consacré à Tintin entièrement en français! Une courte biographie d'Hergé... Un portrait de famille... Un guide du monde tintinesque... Tintin au cinéma... La naissance d'un album... Le quiz des tintinologues... En voulez-vous plus?

Astérix

http://www.asterix.tm.fr

Un site à la gloire des Gaulois. Sans se prendre au sérieux, on nous offre une mine d'informations sur les personnages, leur village, leurs coutumes et même leur toute dernière aventure. À lire, une entrevue exclusive avec Uderzo.

Jeunesses scientifiques de Belgique

http://www.ulb.ac.be/assoc/jsb/

Présentation de l'association et des activités de loisir scientifique qu'elle propose aux jeunes. On y trouve des liens vers d'autres sources d'informations scientifiques sur Internet.

Cirque du Soleil

http://www.cirquedusoleil.com/fr

Le site officiel du grand cirque québécois.

Émissions jeunesse de la SRC

http://www.radio-canada.com/jeunesse

Le secteur des émissions jeunesse de la télévision de Radio-Canada a développé un site complet où les jeunes téléspectateurs de la télévision canadienne peuvent retrouver les vedettes de leurs émissions préférées. Le site s'adresse aux 8-12 ans.

Les éphémérides de la BD
http://www.imaginet.fr/bd

En 365 jours, l'histoire des héros de bandes dessinées et de leurs créateurs. Le site retrace sur Internet, au jour le jour, la chronique de la bande dessinée depuis ses origines. Outre une présentation exhaustive de tous les événements qui ont marqué l'histoire du neuvième art, on trouve sur ce site les événements d'actualité, les expositions et les prix.

La Grande Aventure
http://www.cmcc.muse.digital.ca/cmc/cmcfra/childfra.html

Une visite particulière, adaptée aux jeunes, du Musée canadien des civilisations. Vous êtes convié à une grande aventure autour du monde.

La page du peuple
http://www.zeromusic.com/perusse

C'est un ami de l'humoriste québécois François Pérusse qui a réalisé ce site en guise d'hommage. Au menu: des blagues et la petite histoire de l'humoriste. Évidemment, vous y trouverez une vingtaine de clips audio et des extraits de chansons à télécharger.

Page des jeunes
http://www.icqbdq.qc.ca/jeunes.htm

La section pour les jeunes de la Bibliothèque de Québec. Une belle initiative qui permet aux jeunes internautes d'avoir un premier contact avec une bibliothèque publique.

Éducation

Rescol
http://www.rescol.ca

Un réseau scolaire pan-canadien qui offre un grand éventail de ressources et d'activités télématiques éducatives. Les jeunes peuvent, entre autres, communiquer entre eux ou poser des questions à des spécialistes en-ligne. Il y a aussi une section réservée aux enseignants.

Cyberscol
http://CyberScol.qc.ca

Un carrefour d'échanges québécois pour les enseignants qui utilisent les nouvelles technologies de l'information comme outils pédagogiques dans leurs cours.

Le Grand Monde du préscolaire
http://pages.infinit.net/mariejo

Le site s'adresse à tous ceux et celles qui s'intéressent au monde du préscolaire. Il se veut un support facilitant le choix des moyens utilisés pour répondre aux objectifs du programme du ministère de l'Éducation du Québec. Le multimédia y figure en bonne place.

L'escale
http://www.quebectel.com/escale

Un site pour les jeunes et pour les adultes concernés par l'éducation. Des activités par thème et des groupes de discussion.

Franco
http://www.ualberta.ca/~fmillar/franco.html

La page francophone universitaire pour les recherches, les discussions et les échanges interrégionaux.

Sciences de l'éducation
http://www.imaginet.fr/~kiriasse

Un site où l'on trouve des informations et des ressources pour les chercheurs et les étudiants en sciences de l'éducation.

Association canadienne d'éducation de langue française
http://www.acelf.ca

Organisme canadien qui soutient l'action des communautés francophones et la culture française au Canada.

Edupage
http://ijs.com/edupage/fr

Le sommaire des nouvelles sur les technologies de l'information. *Edupage* est publié trois fois par semaine par un consortium de collèges et d'universités américains qui cherche à transformer l'éducation par l'utilisation des technologies de l'information.

Édu@média
http://edumedia.risq.qc.ca

Un magazine électronique pour enseignants et travailleurs dans le domaine de l'éducation consacré spécifiquement à l'utilisation des nouvelles technologies en éducation.

Inform@puce
http://www.ipuce.abacom.com

Un site voué à l'initiation des jeunes aux nouvelles technologies de l'information. Un outil intéressant pour les enseignants.

REFER
http://www.refer.qc.ca

Site de référence pour l'enseignement supérieur et la recherche francophone.

Association québécoise de pédagogie collégiale
http://www.aqpc.qc.ca
> Revues, bulletins et ouvrages pédagogiques de l'association.

Les projets de télématique scolaire au Québec
http://www.eduq.risq.net/DRD/P_telem/P_T_gen.html
> Une réflexion du ministère de l'Éducation du Québec sur l'utilisation de la télématique dans l'enseignement.

Le Réseau de Télé-Éducation Nouveau-Brunswick
http://tenb.mta.ca/francais.html
> Le site présente le réseau de salles de classe électroniques de la province. On y trouve la présentation du service ainsi que la liste des cours.

Association francophone internationale des directeurs d'établissements scolaires
http://grics3.grics.qc.ca/afides
> L'AFIDES a pour but de promouvoir les échanges entre les responsables francophones d'établissements scolaires et de créer des liens d'amitié entre les peuples.

Ministère de l'Éducation du Québec
http://www.meq.gouv.qc.ca
> Un site qui déborde d'informations. On y trouve de tout: de l'inventaire des lois et règlements de l'éducation au Québec en passant par les ressources didactiques et des textes sur l'utilisation de l'ordinateur en pédagogie. Des statistiques sur l'éducation sont aussi offertes.

ClicNet, un annuaire de ressources francophones
http://www.swarthmore.edu/Humanities/clicnet
> Le serveur localise des ressources virtuelles en français pour les étudiants, les enseignants de français langue étrangère et tous ceux qui s'intéressent aux cultures francophones.

Stagiaires sans frontières
http://www.interax.abacom.com/stagiaires
> Initiative intéressante, le site sert de rendez-vous pour les stagiaires de l'Université de Sherbrooke dispersés un peu partout à travers le monde afin de compléter leur formation.

Réseau Éducation-Médias
http://www.screen.com/mnet/fre
> Un site sur l'éducation aux médias et leur influence dans le quotidien des enfants et des adolescents.

La chronique de l'Internet familial
http://www.cam.org/~charduf
> Un site dédié à l'utilisation d'Internet en milieu familial. Vous trouverez des informations pour utiliser, de façon économique et sécuritaire, Internet à la maison.

Universités francophones d'Amérique du Nord
http://felix.refer.qc.ca/AMERIQUE-CONTACT
> Malgré le titre du site, on trouve une liste des universités francophones canadiennes.

Quelques grandes universités francophones présentes sur le Web

Université libre de Bruxelles
http://www.ulb.ac.be/index_fr.html

Université catholique de Louvain
http://www.ucl.ac.be

Université d'Ottawa
http://aix1.uottawa.ca

Université de Moncton
http://www.umoncton.ca

Université de Genève
http://www.unige.ch

Université de Lausanne
http://www.unil.ch

Université de Neuchâtel
http://www.unine.ch

Universités francophones du Québec

Voici une liste d'universités francophones et d'écoles affiliées situées au Québec. Sur la plupart des sites, vous pourrez trouver de l'information concernant ces institutions et leurs champs d'enseignement.

Université Laval
http://www.ulaval.ca

Faculté des sciences de l'éducation
http://www.fse.ulaval.ca

École des langues vivantes
http://www.ulaval.ca/elv

Université du Québec
http://www.uquebec.ca

Télé-Université
http://www.teluq.uquebec.ca

Université du Québec en Abitibi-Témiscamingue
http://www.uqat.uquebec.ca

Université du Québec à Hull
http://www.uqah.uquebec.ca

Université du Québec à Montréal
http://www.uqam.ca

Université du Québec à Chicoutimi
http://www.uqac.uquebec.ca

Université du Québec à Trois-Rivières
http://ecoleing.uqtr.uquebec.ca/geniedoc/uqtr/uqtr.htm

École nationale d'administration publique
http://www.uquebec.ca/enap

Université de Sherbrooke
http://www.usherb.ca

Université de Montréal
http://www.umontreal.ca

Faculté des sciences de l'éducation
http://www.scedu.umontreal.ca

École des Hautes Études Commerciales (HEC)
http://www.hec.ca

École Polytechnique
http://www.polymtl.ca

Faculté de médecine dentaire
http://www.medent.umontreal.ca

Cégeps francophones du Québec

Ces établissements d'enseignement de niveau collégial présentent tous leurs institutions et leurs différents programmes académiques sur leur site Web.

Cégep de Sainte-Foy
http://academie.cegep-ste-foy.qc.ca

Collège Bois-de-Boulogne
http://www.collegebdeb.qc.ca

Collège de Sherbrooke
http://www.collegesherbrooke.qc.ca

Collège Charles-Lemoyne
http://www.cclemoyne.edu

Cégep de Trois-Rivières
http://www.cegeptr.qc.ca

Cégep de Lévis-Lauzon
http://www.clevislauzon.qc.ca

Collège moderne de Trois-Rivières
http://www.cmtr.qc.ca

Cégep de La Pocatière
http://lapoc.kamouraska.com/cegep

Cégep de Rivière-du-Loup
http://icrdl.net/cegeprdl

Cégep Joliette de Lanaudière
http://www.collanaud.qc.ca

Cégep André-Laurendeau
http://www.claurendeau.qc.ca

Cégep de Matane
http://www.cgmatane.qc.ca

Cégep de l'Outaouais
http://www.cyberus.ca/~arc/PERFORMA/performa.html

Collège Jean-Eudes
http://www.jeaneudes.qc.ca

Cégep André-Grasset
http://www.odyssee.net/~arc/bienvenue.cag.html

Cégep de Saint-Jérôme
http://www.cegep-st-jerome.qc.ca

Collège Montmorency
http://www.cmontmorency.qc.ca

Collège Édouard-Montpetit
http://www.collegeem.qc.ca

Cégep Lionel-Groulx
http://ClionelGroulx.Qc.Ca

Groupe Collège Lasalle
http://www.clasalle.qc.ca

Cégep de Rosemont
http://www.crosemont.qc.ca

Universités de France

Voici une liste d'universités de France. Sur la plupart des sites, vous trouverez des renseignements concernant l'institution et ses différents départements.

Université de Aix-Marseille (Université de Provence)
http://newsup.univ-mrs.fr

Université d'Amiens (Université de Picardie)
http://www.u-picardie.fr

Université d'Angers
http://www.univ-angers.fr

Université d'Avignon et des pays du Vaucluse
http://wwwiup.univ-avignon.fr

Université de Besançon (Université de Franche-Comté)
http://www.univ-fcomte.fr

Université de Bordeaux 1
http://graffiti.cribx1.u-bordeaux.fr

Université de Brest (Université de Bretagne occidentale)
http://www.univ-brest.fr

Université de Caen
http://www.unicaen.fr

Université de Cergy-Pontoise
http://www.ensea.fr/univ-cergy

Université de Chambéry (Université de Savoie)
http://www.univ-savoie.fr

Université de Clermont-Ferrand 1 (Université d'Auvergne)
http://www.univ-bpclermont.fr/ua

Université de Compiègne
http://www.univ-compiegne.fr

Université de Dijon (Université de Bourgogne)
http://www.u-bourgogne.fr

Université de Grenoble 1
http://www.ujf-grenoble.fr

Université du Mans (Université du Maine)
http://www.univ-lemans.fr

Université de Lille 1 (Université Flandres-Artois)
http://www.univ-lille1.fr

Université de Limoges
http://www.unilim.fr

Université de Lyon 1
http://www.univ-lyon1.fr

Université de Marne-la-Vallée
http://www.univ-mlv.fr

Université de Montpellier 2
http://www.univ-montp2.fr

Université de Haute-Alsace-Mulhouse
http://www.univ-mulhouse.fr

Université de Nancy 1 (Université Henri-Poincaré)
http://www.u-nancy.fr/UHP

Université de Nantes
http://www.sante.univ-nantes.fr

Université de Nice Sophia-Antipolis
http://www.unice.fr

Université d'Orléans
http://Web.univ-orleans.fr

Université de Paris 02
http://www.u-paris2.fr

Université de Paris 02 - Service Informatique de Gestion
http://www2.u-paris2.fr

Université de Paris 05
http://www.univ-paris5.fr

Campus de Jussieu
http://www.jussieu.fr

Université de Paris 06 (Université Pierre-et-Marie-Curie)
http://www.jussieu.fr

Université de Paris 07 (Université Denis-Diderot)
http://www.sigu7.jussieu.fr

Université de Paris 07 - UFR de linguistique
http://www.linguist.jussieu.fr

Université de Paris 08 (Université de Vincennes)
http://www.univ-paris8.fr

Université de Paris 09 (Université Dauphine)
http://www.dauphine.fr

Université de Paris 10 (Université de Nanterre)
http://www.u-paris10.fr

Université de Paris 11 (Université Paris-Sud)
http://www.u-psud.fr

Université de Paris 12 (Université Paris-Val-de-Marne)
http://www.univ-paris12.fr

Université de Pau et des Pays de l'Adour
http://www.univ-pau.fr

Université de Perpignan
http://www.univ-perp.fr

Université de Poitiers
http://www.univ-poitiers.fr

Université de Reims (Université de Champagne-Ardennes)
http://www.univ-reims.fr

Université de Rennes 1
http://www.univ-rennes1.fr

Université de Rennes 1 (Faculté de médecine)
http://www.med.univ-rennes1.fr

Université de Rouen (Université de Haute-Normandie)
http://www.dir.univ-rouen.fr

Université de Saint-Étienne
http://www.univ-st-etienne.fr

Université de Strasbourg 1
http://www-ulp.u-strasbg.fr/

Université de Toulon-Var
http://www.univ-tln.fr

Université de Toulouse 1 (Université des sciences sociales)
http://www.univ-tlse1.fr

Université de Tours
http://www.univ-tours.fr

Université de Valenciennes
http://www.univ-valenciennes.fr

Université de Versailles-St-Quentin
http://www.uvsq.fr

Langue française

Genre des noms, apprenez à le deviner
http://www.fourmilab.ch/francais/gender.html

> Et si l'on pouvait tout simplement deviner le genre des mots
> de la langue française! Ne souriez pas et allez plutôt voir les
> résultats de l'enquête de John Walker sur son site Web. Vous
> y trouverez tout ce qu'il faut pour vous souvenir de l'essen-
> tiel et deviner le reste.

Que dire?
http://www.radio-canada.com/internet/quedire

> Une chronique hebdomadaire sur la langue française au quo-
> tidien offerte par les services linguistiques de Radio-Canada.

Parler au quotidien

http://www.rfi.fr

La transcription quotidienne des textes de la chronique linguistique de Radio-France Internationale. Une excellente source d'inspiration pour les enseignants comme pour les artisans qui travaillent avec la langue française.

La dictée progressive

http://www.odyssee.net/~djpd/nord.html

Un site pédagogique offrant jeux, livres et logiciels pour aider les jeunes de 8 à 16 ans à maîtriser l'orthographe et la grammaire.

Conjugaison des verbes français

http://tuna.uchicago.edu/forms_unrest/inflect.query.html

Imaginez un peu! Vous pouvez, sur ce site de l'Univervité de Chicago, demander à un ordinateur de conjuguer le verbe de votre choix, au temps et à la personne désirés. Du présent au subjonctif en passant par l'imparfait, l'ordinateur n'attend que votre demande.

Les Jurons québécois

http://www.lava.net/~quebec

La seule liste complète de sacres québécois sur Internet! Avec des fichiers sonores!

Langue française

http://www.culture.fr/culture/dglf

Les pages de la Délégation générale à la langue française.

La francisation démystifiée du langage HTML

http://www.cam.org/~mozart/fr_html.html

Les suggestions et réponses d'une correctrice québécoise.

Les perles de l'assurance
http://www.cam.org/~gilray/perles_de_lassurance.html
>   Un collage amusant d'extraits de réclamations faites auprès
>   des assureurs. Un petit bijou linguistique.

Cortexte

http://www.cortexte.com
>   Une compagnie de correction qui sème la terreur sur
>   l'Internet québécois. Pas tellement pour ses services de cor-
>   rection, mais plutôt pour son chevalier de la langue de
>   Molière qui navigue sur les flots du Web francophone à la
>   recherche d'énormités et d'utilisations «mal t'à propos» de
>   notre langue. Les plus beaux trophées sont exposés sur le site
>   Web de Cortexte.

Dictionnaires - Glossaires

NETGLOS-français
http://wwli.com/translation/netglos/glossary/french.html
>   Un dictionnaire Internet en français.

Dictionnaire français - DICOWEB
http://www.goto.fr/cyberdico
>   Il contient 50 000 définitions, un dictionnaire d'anagrammes
>   et de mots croisés avec plus de 300 000 mots.

Dictionnaire Logos
http://www.logos.it/queryfr.html
>   Un dictionnaire multilingue. La base de données est ouverte
>   à tous et est en expansion constante, car elle est alimentée par
>   des internautes et corrigée en-ligne par des traducteurs pro-
>   fessionnels. En début d'année, le dictionnaire comptait tout
>   près de 4 millions de mots.

Dictionnaire des idées par les mots
http://artu.usr.dsi.unimi.it/casta/Data/robert.html
> Une version électronique du *Dictionnaire Robert des idées par les mots.*

Glossaire informatique
http://www-rocq.inria.fr/~deschamp/www/CMTI/LFA.html
> Une explication de la terminologie informatique française et anglaise.

Vocabulaire de base de l'inforoute français-anglais
http://ville.montreal.qc.ca/adm_site/vocabulr/vocabulr.htm
> Un lexique du vocabulaire de l'inforoute préparé par la Division des systèmes et des nouvelles technologies de la Bibliothèque de Montréal.

Glossaire de termes relatifs à Internet
http://www.culture.fr/culture/dglf/internet.htm
> Jean-Karim Benzineb, traducteur au Conseil de l'Europe, nous offre son explication du langage des internautes.

Dictionnaire de néologie Internet
http://www.ina.fr/CP/HumainsAssocies/Lexique/Lexique.html
> Un lexique qui présente des équivalences du vocabulaire technique lié aux réseaux informatiques tel Internet.

Le dictionnaire français/anglais DICOVOX v1.0
http://latl.unige.ch/latl/dicovoxfe.html
> Le département de linguistique de l'Université de Genève présente le premier dictionnaire bilingue français/anglais parlant offert sur Internet. Vous n'avez qu'à proposer un mot dans une des deux langues et vous entendrez le résultat des recherches.

Acronymes informatiques

http://www.nctech.fr/cgi-bin/NCTech-acronyms-fr.pl

Vous savez ce que signifie les WWW, ASCII et compagnie? Non, eh bien voilà un site qui viendra à votre rescousse. Inscrivez les quelques lettres qui vous causent tant de problèmes et laissez l'ordinateur vous offrir sa définition.

Dictionnaire de l'Académie française

http://www.epas.utoronto.ca/~wulfric/academie

Cette base de données créée à l'Université de Toronto contient un choix d'articles sélectionnés dans les huit éditions complètes du Dictionnaire de l'Académie française. Mais attention, l'échantillonnage ne représente qu'un pour cent de la totalité des textes des huit éditions.

Littérature

Alexandrie, la bibliothèque virtuelle

http://www.alexandrie.com

Noble initiative québécoise, un immense centre de référence sur les ressources francophones en matière de littérature. Un carrefour de renseignements sur toutes les ressources textuelles numérisées offertes en français.

La Biblairie

http://www.biblairie.qc.ca

Une cyber-librairie qui présente une banque de 150 000 titres de langue française.

Fables de Jean de La Fontaine

http://www.etc.bc.ca/french/fables.html

Quelques-unes des plus belles fables de Jean de La Fontaine rassemblées dans le cadre d'un projet du ministère de l'Éducation de la Colombie-Britannique.

Littérature francophone et textes en français
http://www.cnam.fr/fr/litterature.html

Une liste de liens vers différents sites Web reliés au monde de la littérature francophone. Dans certains cas, vous aurez carrément accès aux textes intégraux d'œuvres adaptées ou traduites en français. Un exemple: la Bible.

Littérature pour tous…
http://www2.int-evry.fr/~fournel/litterature.html

Un amant de la poésie et de la littérature nous propose quelques-unes de ses œuvres, celles de ses petits camarades et puis d'autres, d'auteurs un peu plus connus…

Montréal, la pluie, le soleil
http://www.mlink.net/~gemme

Le journal personnel d'une jeune étudiante de Montréal. Chaque jour, elle nous livre un peu plus de son monde, nous fait partager ses réflexions sur ce qui l'entoure.

Charles Baudelaire
http://pages.infinit.net/lemaire

Un site dédié à l'auteur francais réalisé par Jacques Lemaire, professeur de Lettres au Collège Jean-de-Brébeuf de Montréal. On y trouve une biographie et de nombreux extraits.

L'Arche
http://www.total.net/~mbargone/interfiction

Si vous avez toujours rêvé d'écrire, mais n'avez jamais eu le courage d'entreprendre le projet, pourquoi ne pas participer à un roman collectif? Il y a déjà une histoire en cours sur ce site, il ne vous reste plus qu'à y ajouter votre chapitre…

Maldoror

http://www.cybermagnet.com/maldoror

Un magazine littéraire électronique. «Le magazine de tous les livres, de tous les genres.»

La Souris à plumes

http://horslimites.gulliver.fr/souris

Un site dédié à l'écriture, à la production de textes, au récit et au scénario interactif.

Club des poètes

http://www.FranceWeb.fr/poesie

Un site qui exploite la poésie au maximum. Vous pouvez y découvrir de la poésie, mais aussi voyager, naviguer et jouer en poésie, avant de vous risquer à envoyer vos poèmes pour en faire profiter d'autres amateurs.

Les belles plumes branchées du Québec

http://www.qbc.clic.net/~mephisto/plumes/plumes.html

Un répertoire de sites où l'on trouve des textes à haute teneur poétique.

Revue STOP

http://www.microtec.net/~stop

Un site qui fait place à la nouvelle. Le sommaire du numéro en kiosque en plus de textes inédits non publiés dans le magazine. À lire, la nouvelle interactive «One night stand», une histoire qui peut se terminer de 43 facons différentes, tout dépend de vos choix…

Association pour la diffusion des œuvres auto-éditées

http://www.imaginet.fr/~adoa

Un site qui présente des auteurs et leurs œuvres dans différents styles littéraires. Vous trouverez des essais, du théâtre, des romans, des nouvelles et même des contes.

Association des bibliophiles universels (ABU)
http://cedric.cnam.fr/ABU

> Un grand et noble projet pour rendre accessible le plus grand nombre de textes du domaine public en langue française, qu'il s'agisse de textes anciens ou de créations.

Catalogues de bibliothèques
http://www.unites.uqam.ca/bib/Catalogues.html

> Accès aux catalogues de plusieurs bibliothèques universitaires du Québec, du Canada, de la France et du monde entier.

Histoire sans fin
http://wwwbacc.ift.ulaval.ca/%7Eborgiagu/histoire/index.cgi

> C'est une histoire que des amis ont débutée il y a quelque temps et c'est maintenant au tour des internautes qui passent sur le site de la poursuivre.

Sites de références professionnelles

L'Association des agences de publicité du Québec
http://www.aapq.qc.ca

> Des informations pratiques et techniques sur le marché québécois.

Léger et Léger
http://ardian.planet-int.net/Clients/Leger-Leger

> Une maison de sondage québécoise présente les résultats de 160 sondages.

Impact Recherche
http://www.cossette.com/fr/impact/

> Boîte de recherche en marketing, membre du groupe de communication-marketing Cossette de Montréal.

Institut français d'opinion publique
http://www.ifop.fr
>Banques de données établies à partir des études réalisées par l'IFOP, premier institut de sondages créé en France.

Société canadienne de psychologie
http://www.cycor.ca/Psych/scp.html
>Présentation de l'organisme et version électronique de la *Revue canadienne des sciences du comportement*.

Socioroute
http://www.unites.uqam.ca/soc4300/SR/Socioroute.html
>Un site pour ceux et celles qui s'intéressent à la sociologie.

Association nationale des éditeurs de livres
http://www.cam.org/~anel/index.htm
>Le regroupement des éditeurs de livres québécois et canadiens-français.

Union des producteurs agricoles
http://www.upa.qc.ca/
>Regroupement des syndicats et fédérations agricoles du Québec.

Inventeurs du Québec
http://www.inventeurs.com
>Tout pour l'inventeur à la recherche de ses pairs. On y présente des inventions, et il est aussi possible de contacter l'Association virtuelle des inventeurs. Les portes sont ouvertes à toute la communauté francophone dans un but d'entraide et de commercialisation des produits.

Emplois

Club de recherche d'emploi La Relance
http://gamma.omnimage.ca/clients/club

Le site offre un lien direct avec le service de placement électronique mis en place par le gouvernement fédéral, un service de jumelage entre les chercheurs d'emplois et les employeurs.

Emplois de La Presse
http://www.monster.com/probec

Le quotidien montréalais offre sur le Web son cahier Carrières et Professions.

International Jobs
http://expat.gulliver.fr

Le magazine des carrières internationales et des entreprises exportatrices a son site Web pour faire sa promotion, mais aussi pour présenter quelques possibilités d'emplois.

Le Site de l'emploi
http://www.cam.org/~emplois

Ce site est conçu pour permettre aux employeurs de recruter rapidement leur personnel en épargnant le temps et l'argent que nécessitent les procédures traditionnelles de recherche de candidats. Service gratuit.

La Course aux emplois
http://www.atcom-multimedia.fr/work

La Course aux emplois propose de conserver les CV des chercheurs d'emplois ou de stages dans une base de données.

Mode d'emploi

http://www.telequebec.qc.ca/emploi

Le site se veut un prolongement de l'émission de Télé-Québec. On y offre un ensemble de ressources relatives à l'emploi: thèmes traités à l'émission de la semaine, emplois de la semaine, rubriques au sujet des techniques de recherche d'emploi, les règles du jeu du marché de l'emploi et de l'entrepreneurship.

Magazine travailleur autonome

http://w3.autonome.com/autonome

Un bimensuel québécois. Le magazine électronique par excellence pour le travailleur autonome.

Offres d'emploi - Multi-Avantages

http://www.avantage.com

Un site qui présente des propositions de travail faites par des entreprises. Pour chaque emploi, une description complète du poste offert et les coordonnées de la compagnie à contacter.

Service de placement électronique

http://ele.ingenia.com

Un service offert par le Développement des ressources humaines Canada. Un grand babillard d'offres d'emploi.

EMPLOI@

http://www.login.net/emploi-a/public_html

Un site où l'on trouve à la fois des offres de service et des offres d'emploi. Le service est gratuit pour qui veut afficher ses services, mais payant pour l'entreprise qui veut placer une petite annonce.

Travailleurs autonomes

http://www.toile.qc.ca/travailleurs_autonomes

Ceux qui nous offrent un grand répertoire de la présence québécoise sur le Web donnent aussi un coup de main aux travailleurs autonomes. Dans une section appelée Travailleur autonome, on trouve une liste de contractuels et de consultants dans divers domaines.

IDclic

http://idclic.collegebdeb.qc.ca

Un site consacré à l'exploration des secteurs d'emploi et de formation offerts au Québec, de même qu'à l'organisation de la vie étudiante. Le site offre plus de 500 pages Web d'informations et de photos sur le marché du travail, comportant des entrevues, des chroniques, des babillards et des index de ressources.

Cadres on line

http://www.cadresonline.com

Un service en-ligne d'offres d'emploi français qui vise à faciliter la consultation des annonces parues dans 13 titres leaders sur leurs métiers. Le site réunit près de 2 000 offres d'emploi. À consulter, la section concernant l'estimation de votre salaire et la section rédaction de CV.

La CVthèqueE

http://colossus.net/x2com/cvtheque

Un service commercial qui vous permet, moyennant des frais mensuels, d'afficher votre curriculum vitæ ainsi qu'une offre de service pour vous faire connaître d'employeurs potentiels.

Centre de la PME
http://www.bdc.ca/site/francais
> Carrefour d'information dédié à la création de PME offert par la Banque de développement du Canada.

Forum de l'emploi — Wallonie Web
http://www.wallonie.com/emploi/index.htm
> Un centre d'emplois et d'offres de service pour la Wallonie.

Le monde informatique
http://www.lmi.fr/cgi-bin/applis/annonces/annonce.exe
> Le service d'offres d'emploi «Jobs en direct» du magazine informatique français.

Initiative Emploi
http://www.init-emploi.tm.fr
> Un service d'offres et de demandes d'emploi sur Internet. Service de France.

Coproductions Cinéma, TV et Multimédia
http://www.coproductions.com
> Un babillard qui présente des offres d'emploi et des offres de service dans les domaines du multimédia, de la télévision et du cinéma.

Cyberworkers News
http://www.cyberworkers.com
> Initiative d'une boîte de consultants français, ce magazine électronique pour travailleurs «branchés» montre bien l'importance des travailleurs et de leurs firmes virtuelles! On y trouve aussi des petites annonces, des annuaires selon son champ d'intérêt et même un forum de discussion. Un réseau d'échange pour les télétravailleurs du monde.

Réseau européen pour l'emploi

http://emporium.turnpike.net/~viredit/emploi

> Un grand babillard public qui diffuse sur Internet, pour un coût modique, des curriculum vitæ et des offres d'emploi. On y retrouve aussi une liste de sites français qui diffusent eux aussi des offres d'emploi.

Kelly services

http://www.kellyservices.fr

> Le site d'une agence de travail temporaire en France.

Les bonnes choses de la vie

La cuisine de la France

http://www.tcom.ohiou.edu/OU_Language/cuisine.html

> Les sauces, les viandes, les volailles, tout y est. C'est vraiment avec ce site que l'on reconnaît les limites sensorielles de l'ordinateur. Un site à visiter le ventre plein, car sinon, vous risquez de courir rapidement au resto français le plus près de chez vous.

Plaisirs de la table

http://www.swarthmore.edu/Humanities/clicnet/plaisirs.de.la.table.html

> Un grand répertoire de bouffe et de sujets connexes.

Miam!

http://ourworld.compuserve.com/homepages/bpaques/miam.htm

> Le cyberlivre de cuisine par excellence. Les recettes proviennent principalement des lecteurs.

Fr.rec.cuisine

http://www.loria.fr/news/fr.rec.cuisine-old.html

> Archives du forum de discussion dédié à la cuisine. Des recettes, des trucs et des discussions autour d'un seul sujet, la bouffe!

Le Chérubin gourmand

http://www.ambafrance.org/LINKS/gourmand.html

Un répertoire qui offre des liens vers des sites reliés à l'art culinaire.

La fibre alimentaire

http://www.qcm.qc.ca/LA-fiBRE-ALIMENTAIRE/

Le site de deux techniciennes en diététique. On y trouve des conseils pour mieux s'alimenter, une chronique jeunesse, une chronique végétarienne et même des recettes.

Coup de pouce

http://telemedia.infinit.net/CDP/quotidien/quoti.htm

Le site du magazine offre une nouvelle recette chaque semaine et une foule de trucs et astuces pour se rendre la vie plus facile.

Les fromages de France

http://mars.sct.fr/festival/cheeses.html

C'est une bonne chose qu'Internet ne nous permette pas encore de faire des expériences olfactives, car vu le nombre de fromages présentés sur le site, vous risqueriez de devoir prendre une douche après quelques minutes de consultation. Le site offre une description des fromages de France et les présente par région.

Saveurs du monde

http://mscomm.infinit.net/ency_9/9mscomm.htm

Le monde dans votre assiette. Découvrez des pays, apprenez leur histoire, leurs traditions culinaires, voyagez d'une spécialité à une autre, recréez le monde dans votre assiette quotidienne.

World Wine Web

http://www.winevin.com/french.html

L'encyclopédie mondiale du vin nous offre des cartes des pays et des régions viticoles du monde entier. Et pour chaque pays, la liste de toutes les appellations et de tous les types de vins qu'on y produit. En plus, pour chacune des appellations, vous trouverez la liste des producteurs.

L'annuaire du vin

http://www.winecollection.com/index_fr.htm

Un site idéal pour l'amateur ou le professionnel du vin. On y trouve un coin du sommelier, une carte des vins, un répertoire par régions. Également offerts, la liste des producteurs et un espace réservé aux professionnels de la vigne.

Macvine

http://macvine.infinit.net

Un magazine électronique québécois qui offre des suggestions de vins à essayer.

ABC du connaisseur

http://www.vins-france.com/connaisseur.html

Le site présente quatre tableaux qui résument ce que tout bon amateur de vin devrait savoir: les bonnes années, à quel température servir le vin, avec quoi servir quel vin et les effets de l'alcool.

Au vin de France

http://www.avfr.com

Pour découvrir les vins de France en direct des caves des producteurs.

À la découverte du champagne

http://perso.club-internet.fr/mcl/champagne.html

Une amatrice de champagne partage sa passion pour cette boisson magique.

BierMag

http://www.BiereMAG.ca

La version électronique du magazine québécois portant sur la bière.

Le Sous-Bock

http://www.sous-bock.com

De nombreux sites sont consacrés à la bière. On y parle des brasseries, des différentes façons de brasser et même des étiquettes, mais ici c'est différent. Le sujet du site: c'est ce qu'il y a sous le verre de bière... le petit sous-verre de carton!

Cyber-Passeport bouffe et bars de Québec

http://bouffe.clic.net

Où aller à Québec pour bien boire et bien manger? Le Cyber-Passeport est votre guide personnel, en plus de contenir des coupons-rabais qui vous feront économiser dans les restaurants et bars de Québec.

Santé

GlobalMédic

http://www.globalmedic.com

Vous pensez avoir les symptômes d'une maladie en particulier, vérifiez vous-même en consultant la section «Check up» ou encyclopédique du site. Un site d'éducation et de prévention médicale.

Méducation

http://www.meduc.com

Informations sur les drogues et la toxicomanie.

Accès Santé

http://www.med-access.com

Un répertoire francophone de ressources en santé.

Le Centre d'information sur la santé de l'enfant
http://brise.ere.umontreal.ca/~lecomptl/index.html

Le CISE de l'hôpital Sainte-Justine de Montréal est un outil important pour les parents comme pour les professionnels de la santé. Le site Web offre un répertoire de 120 groupes d'entraide et d'associations québécoises en plus de 275 liens vers des sites de pédiatrie et de santé.

Le bottin de la santé
http://www.craph.org./craph/bottin/medintro.htm

Un petit bottin de dépannage pour vous aider à faire un premier diagnostic sur un problème de santé. Évidemment, ce bottin ne remplacera pas une visite chez le médecin, mais il vous permettra peut-être de trouver une piste d'exploration.

Le Médecin d'Internet
http://www.montrealnet.ca/netdoctor/franinto.html

Un service offert par des médecins québécois. Sur le site, des conseils de santé et, si vous le désirez (moyennant quelques dollars), vous aurez droit à une consultation personnelle en ligne. On n'arrête pas le progrès!

Informations pour les familles
http://www.psych.med.umich.edu/Web/aacap/infofami/index.htm

Version française d'une partie du site de l'Académie américaine de psychiatrie qui publie des conseils pour venir en aide aux parents. Des renseignements qui vous permettront de mieux comprendre les enfants et d'intervenir auprès d'eux.

Santé Canada
http://www.hwc.ca

Le site du ministère de la Santé est un grand centre de ressources en matière de renseignements reliés au monde de la santé. Si vous cherchez de l'information dans ce domaine, un arrêt à ce site s'impose.

Serveurs sur Internet dans le domaine de la santé
http://www.chu-rouen.fr/dsii/html/watch.html

Ce site français est probablement le premier site à consulter pour découvrir tout ce qui est disponible en matière de sites Web francophones ou en français dans le domaine de la santé. On y trouve de tout: du site de documentation spécialisée aux journaux électroniques.

Saisie d'une pathologie
http://www.med.univ-rennes1.fr/adm.dir

Si vous avez entendu parler d'une maladie et que vous désirez en savoir un peu plus, voici le site que vous cherchez! Vous n'avez qu'à inscrire le nom de la maladie, et en quelques secondes on vous offrira de l'information pertinente à son sujet.

Ordre des dentistes du Québec
http://www.odq.qc.ca

Guide du consommateur averti et présentation de l'organisme.

CLSC
http://www.chc-ccs.org/clsc/

Répertoire des CLSC du Québec.

Élysa
http://www.unites.uqam.ca/~dsexo/elysa.htm

L'Internet québécois a aussi sa madame X à qui vous pouvez poser toutes vos questions les plus intimes. Le service est confidentiel et très professionnel. Il est offert par le département de sexologie de l'Université du Québec à Montréal. Et la consultation est gratuite.

Info SIDA Québec

http://www.amazones.qc.ca/infosida

Le site par excellence pour mieux s'informer au sujet du sida. On offre de l'information concernant la maladie, mais également une foule de renseignements au sujet des intervenants du milieu. Aussi à souligner, un test pour mesurer vos connaissances.

Fondation québécoise du cancer

http://cancer.multiservices.com

La Fondation poursuit sa mission d'améliorer la qualité de vie des personnes atteintes de cancer et celle de leurs proches sur le Net. Ici, de l'information, de la prévention et une liste des services offerts.

Une véritable amie

http://www.odyssee.net/~janine/uva

Un site pour les femmes dans la force de l'âge.

Hermès

http://www.mednet.qc.ca/mednet/francais/hermes_f/hermes_f.html

Un site interactif de formation médicale continue qui teste les connaissances du visiteur, lui présente les informations qui lui font défaut et évalue son apprentissage.

Les risques du travail sur ordinateur

http://www.franceWeb.fr/sosinformatique

Saviez-vous que c'est dangereux de travailler devant un ordinateur? Quels sont les risques et comment vous protéger.

Aînés

55Net

http://www.webnesday.com/55net

Ce site a pour mission d'offrir aux aînés une activité culturelle, un divertissement, des services, des conseils et une nouvelle façon de communiquer avec le monde.

Réseau d'Information des Aînées et Aînés du Québec

http://www.comm.uqam.ca/~riaq/fr/

> Vous trouverez sur le site tout ce qu'il faut pour faire de votre retraite une nouvelle vie bien remplie, avec la tranquillité d'esprit en plus.

Fédération de l'Âge d'Or du Québec (FADOQ)

http://www.comm.uqam.ca/~riaq/assocf/fadoqfr.htm

> En plus de la présentation de l'organisme, on y trouve un guide traitant du rapprochement des générations et un autre au sujet de la planification de la retraite.

Vous et les privilèges de l'âge

http://www.comm.uqam.ca/~riaq/guide

> L'âge a ses privilèges, mais encore faut-il les connaître. Et l'information dont vous avez besoin n'est pas facilement accessible. Pour vous faire économiser temps et argent et pour vous aider à prendre les bonnes décisions, le site propose une foule de renseignements sur une variété de sujets vous touchant tout particulièrement.

Le guide des résidences pour personnes retraitées

http://www.microtec.net/~epsilon

> Deux recueils sont offerts comme source de recherche et de présélection des résidences, des centres d'hébergement ainsi que des professionnels distribuant des produits et des services particulièrement intéressants, aux personnes du troisième âge. L'un concerne la ville de Québec, l'autre les villes de Montréal et de Laval.

Développement des ressources humaines Canada
http://www.hrdc-drhc.gc.ca./hrdc/dept/facts/older_f.html

Le ministère aide les personnes âgées et leurs conjoints en leur accordant un soutien de revenu qui leur procure la sécurité financière de base et remplace leurs gains, afin qu'ils puissent maintenir leur niveau de vie. Le site présente les divers types de prestations qui assurent un revenu aux personnes âgées.

Société canadienne d'hypothèques et de logement
http://www.cmhc-schl.gc.ca/Publications/aines.html

Aujourd'hui, environ un Canadien sur huit est âgé de 65 ans et plus. D'ici l'an 2031, ce ratio sera de un pour quatre... Sur ce site, la SCHL présente un nouveau logiciel intitulé AÎNÉS, qui permet d'évaluer la situation actuelle dans votre collectivité et d'envisager l'avenir.

La page de Monsieur Gaston
http://www.i-magine.com/gaston

Monsieur Gaston pense qu'il n'est pas le seul à écrire ses mémoires et qu'il y en a certainement parmi vous qui ont aussi des souvenirs et des talents littéraires. C'est pourquoi il vous demande de lui faire parvenir des textes, de une à trois pages, et si elles offrent de l'intérêt, il les présentera sur son site.

Les commerces «en-ligne»

Les librairies Renaud-Bray
http://www.Renaud-Bray.com

La grande chaîne de librairies québécoise a maintenant une boutique Web.

Mouvement des caisses Desjardins
http://www.desjardins.com
> L'institution bancaire est de plus en plus active dans le monde de l'inforoute. Ses membres peuvent déjà faire des opérations par le biais du site Web.

Champs-Élysées Virtuels
http://www.iway.fr/champs-elysees
> Plus besoin d'aller sur les Champs pour faire du lèche-vitrine. Le site vous permet de visiter quelques boutiques de la plus grande avenue commerciale du monde.

Carrefour
http://www.carrefour.fr
> Centre commercial français qui présente des produits de vacances, financiers, électroniques et autres.

Maison Fleuriste vert
http://FleuristeVert.qc.ca
> Un fleuriste québécois branché. En plus de faire dans le domaine des fleurs, il a maintenant élargi son expertise et offre une sélection de paniers gourmets, des cadeaux, des meubles rustiques et même un choix de chocolats exclusifs!

Fleuriste Marc Postulka
http://www.finest.tm.fr/fr/bordeaux/postulka
> La France a aussi son fleuriste branché. Offrez vos fleurs par Internet d'un simple clic de souris avec un service de livraison dans toute la France et dans les principales villes du monde.

Le Marché de France
http://www.francecontacts.com/marche
> Le premier serveur en France à offrir à la vente en-ligne un choix de produits et spécialités régionales. Au menu, des trésors gastronomiques des différentes régions.

Le Cybermarché de l'assurance
http://www.prestoweb.ca/assurance
> Trouvez un courtier d'assurance branché dans le domaine de l'auto, la maison, la santé, et l'assurance-vie.

Les pages jaunes francophones des États-Unis
http://www.france.com/pages_jaunes
> Un service de recherche pour professionnels et commerçants francophones vivant aux États-Unis. Du même groupe qui nous a donné les Webs d'Or.

Auto-by-tel
http://www.autobytel.com/francaise
> Le site Web vous permet d'acheter ou de louer une voiture.

Tourisme

Connect-Québec
http://www.connect-quebec.com/f/guide/index.htm
> Un site qui recense plus de 8 200 restaurants, 2 000 auberges, hôtels et motels, 1 700 bars et discothèques, tout cela au Québec.

Wallonie Web
http://www.wallonie.com
> La vitrine mondiale de la Wallonie ou, plus concrètement, de l'information générale sur la Wallonie.

Allostop
http://www.ecritel.fr/allostop
> Le service de pouce organisé de France, qui met en relation automobilistes et auto-stoppeurs, est maintenant offert sur le Web.

Ville de Montréal
http://www.com.qc.ca/octgm
> Le site officiel d'information touristique de la métropole québécoise.

Office du tourisme de la Communauté urbaine de Québec
http://quebec-region.cuq.qc.ca
> Ici, vous trouverez tout pour préparer votre prochain séjour dans la ville de Québec. Si vous désirez réserver à l'avance ou demander des renseignements sur un hôtel ou un restaurant, le site vous permet d'entrer en communication avec eux.

Guide touristique de Charlevoix
http://www.quebecWeb.com/tourisme/charlevoix/introfranc.html
> Informations touristiques sur la région de Charlevoix au Québec.

Les pages de Paris
http://www.paris.org
> À défaut d'être à Paris, c'est probablement ce qu'il y a de mieux. Avec toute l'information offert sur ce site, vous pourrez facilement préparer votre prochain séjour dans la Ville lumière.

@Parisnet
http://www.parisnet.com/
> Installez-vous confortablement dans votre fauteuil et entrez dans Paris. Préparez votre voyage à Paris en visitant les hôtels, les restaurants, les clubs. Vous pouvez même y effectuer des réservations. Le clou de la visite: on offre la possibilité d'apprendre les phrases usuelles employées par les Parisiens, le prix à payer pour les services courants et les pourboires à donner.

Guide touristique de l'auto – France
http://auto.pikorzo.es
> Un guide touristique électronique pour la France, département par département.

Bretagne, légendes et avenir
http://www.bretagne.com
> Un site Web sorti directement de la forêt de Merlin l'Enchanteur.

Guide de Genève
http://www.ville-ge.ch
> Guide culturel et touristique de Genève et sa région.

Guide de Lausanne
http://www.fastnet.ch/LSNE/lsne.html
> Un site d'information qui vous offre également une visite virtuelle de Lausanne.

La Principauté de Monaco
http://www.ina.fr/CP/Monaco
> Présentation de l'histoire et des événements prestigieux qui ont marqué le rythme de vie des habitants du grand Rocher.

Tourisme Jeunesse
http://www.tourismej.qc.ca
> La principale ressource pour le tourisme jeunesse au Québec.

Vacance.com
http://www.vacance.com
> Le premier magazine-voyage francophone d'Internet présente, entre autres: un quiz voyage, une section commentaires et conseils de voyages, les critiques de sites Web à contenu touristique et même les réflexions d'une petite fille qui commence tout juste à voyager.

Le Soleil de la Floride
http://planete.qc.ca/soleil
> Un guide-répertoire au sujet de la Floride produit par l'équipe de rédaction du mensuel du même nom.

Guide du cyber-routard
http://www.res.enst.fr/CyberRout

Vous connaissez le guide version papier, voilà qu'un cyber-voyageur a décidé de faire sa version «en-ligne». Plus de 800 bonnes adresses de bars et restos de par le monde et vous pouvez y ajouter les vôtres.

Guide du routard
http://www.club-internet.fr/routard

Vous cherchez le vrai site du *Guide du routard*. Le voilà!

Le Guide du trotteur
http://www.trotteur.qc.ca

Un guide touristique du Québec qui aime bien le grand air et sortir des sentiers battus.

Foreign Language for Travelers
http://www.travlang.com/languages

Un petit lexique de langue étrangère pour le voyageur branché.

Métros du monde
http://metro.jussieu.fr:10001/bin/cities/french

Le véritable atlas du métro dans le monde. Le site vous permet de vous promener dans une soixantaine de réseaux à travers le monde. Vous pouvez vérifier des trajets, le chemin le plus court et même calculer la durée d'un trajet. Parfait pour un auteur de polar qui n'a pas assez de sous pour aller vérifier sur place...

Relais et Châteaux
http://www.integra.fr/relaischateaux

Le grand et chic réseau hôtelier a lui aussi pignon sur Internet. À l'aide du site, vous pouvez rêver encore plus facilement à vos prochaines vacances dans un château. Et qui sait, si votre portefeuille vous le permet, vous pourrez réserver en utilisant les services du site.

Bienvenue à Saint-Pierre-et-Miquelon
http://www.cancom.net/~encyspm

Un sympathique petit site qui a fière allure. Il vante les charmes de ce petit archipel d'îles françaises perdu au beau milieu de l'Atlantique canadien. Une seule visite sur le site vous suffira pour espérer pouvoir y mettre les pieds un jour.

Les Cabanes à sucre du Québec
http://www.compuform.com/cabane/

Un index des cabanes à sucre du Québec.

Bateau-mouche de Montréal
http://www.bateau-mouche.com

Parce qu'on ne retrouve pas seulement des bateaux-mouches sur la Seine...

Carnaval de Québec
http://www.mediom.qc.ca/carnaval

Voilà l'occasion de découvrir le site du cyber Bonhomme carnaval de la Vieille capitale. Vous y trouverez de l'information concernant l'événement annuel qui réchauffe le cœur et le corps des Québécois durant les longues journées de froidure du mois de février.

InfoRéservation
http://systamex.ca/inforeservation

Pour trouver et réserver rapidement un hébergement au Québec.

Martinique On Line
http://www.pratique.fr/~ycatorc/mol

Un excellent site pour se réchauffer le cœur et rêver un peu.

Organisation des villes du patrimoine mondial
http://www.ovpm.org

> Le site a été conçu pour mieux faire connaître les villes ayant, sur leur territoire, un site inscrit sur la Liste du patrimoine mondial de l'UNESCO. Il vise aussi à faciliter l'échange d'informations entre les gestionnaires municipaux. Un regard sur les plus belles villes du monde vous est proposé.

SNCF
http://www.sncf.fr

> On y trouve les destinations, les horaires, les promotions de la Société nationale des chemins de fer de France.

Horaire des CFF (avec les principales liaisons internationales)
http://home.worldcom.ch/~jcl/common/horaire.html

> Des renseignements pour tous les transports publics en Suisse.

ViaRail
http://www.viarail.ca/f1.html

> Un site qui vous aidera à planifier votre voyage en train à travers le Canada.

Air Canada
http://www.aircanada.ca

> Une foule d'informations sur le transporteur aérien. Les vols, les promotions, le club des grands voyageurs et les alliances entre transporteurs.

Radio

La radio de Radio-Canada
http://www.radio-canada.com

> Le site de la radio publique offre des liens vers les sites Web de ses émissions et vers le site des nouvelles radio. On peut y écouter la programmation radio AM et FM en direct grâce à la technologie Real Audio.

Radio-France

http://www.radio-france.fr

La grande dame de la radio française a aussi son site Web pour présenter ses différents services.

France-Info

http://www.radio-france.fr/france-info

Un service de nouvelles quotidiennes en format Real Audio. C'est France-Info qui a, pour la première fois, offert un bulletin d'informations en français sur Internet.

Radio Suisse Romande

http://www.srg-ssr.ch/RSR/Acc_RSR.html

Le service français de la radio nationale suisse a aussi sa petite niche sur Internet.

RTBF

http://www.rtbf.be

Le site de la radio nationale belge. Vous pouvez y écouter le *Journal parlé* du jour.

Cité Rock•Détente

http://www.rock-detente.com

Le réseau québécois offre sa programmation sur le Net en direct.

Europe 2

http://www.europe2.com

Visitez la section de l'émission Internet de la chaîne musicale française, Radionet. On y offre plein de bonnes adresses.

RTL2

http://www.rtl2.fr

On peut écouter la programmation en direct de France avec Real Audio.

Fun radio

http://www.funradio.fr

La radio française offre sa programmation en direct en Real Audio. Si les tribunes téléphoniques vous plaisent, vous pourrez en entendre de tout les genres, entrecoupées de musique anglophone.

@live

http://www.quaternet.fr/live

La station de Bordeaux (France) diffuse en direct sur le Web en utilisant la technologie Streamworks.

CISM

http://www.cismfm.qc.ca

La radio des étudiants et étudiantes de l'Université de Montréal, la plus importante radio étudiante francophone du monde.

CIBL

http://v45.vweb.citenet.net/cibl

La radio libre de Montréal.

CKRL

http://www.megatoon.com/ckrl

La plus ancienne radio communautaire francophone d'Amérique.

Radio-Canada International

http://www.rcinet.ca

Le service international offre sa programmation en Real Audio sur Internet.

Radio-France Internationale
http://www.rfi.fr
> La radio mondiale francophone offre un rendez-vous avec l'actualité et la langue française.
>
> On peut écouter sa programmation en utilisant Real Audio ou Streamworks.

Radio-Suisse Internationale
http://www.srg-ssr.ch/SRI
> Le service international a aussi son site.

Francelink
http://www.francelink.com
> Un service qui diffuse des programmes de radio françaises (RTL, Europe 1, France Culture, RFI, Sorbonne Radio France, et France Fréquence) en accès instantané en utilisant Real Audio et Streamworks.

Le Guide de la radio
http://massena.univ-mlv.fr/~lhullier/radio/guide.html
> Un grand site de référence pour la radio de France. Du glossaire de la radio au guide des fréquences ville par ville. On y trouve même un coin actualité radio.

Club d'ondes courtes du Québec
http://www.infobahnos.com/~pedro
> Le club y présente sa revue *l'Onde* et ses activités en plus d'informations pratiques pour qui écoute les radios du monde.

Alliance des radios communautaires du Canada
http://www.franco.ca/radio_communautaire
> Le site Web sert d'abord de lien rapide entre toutes les stations communautaires membres de l'association. Mais, en plus, vous y trouverez des informations et des outils pour communiquer avec elles.

Télévision

Société Radio-Canada
http://www.radio-canada.com
>La grande porte d'entrée du service public de la télévision canadienne.

Télé-Québec
http://www.telequebec.qc.ca
>La chaîne publique du Québec.

TVO/TFO
http://www.tvo.org
>Le site de la télévision éducative de l'Ontario.

TF1
http://www.tf1.fr
>Renseignements concernant la programmation et les nouvelles technologies qui intéressent le grand diffuseur français.

France 2
http://www.france2.fr
>Le site nous offre un accès aux textes de la rédaction en temps réel. Un système permet la recherche d'informations dans les textes des jours précédents. On peut aussi visionner des bandes annonces de la chaîne.

France 3
http://www.france3.fr
>La chaîne française offre son bulletin télévisé, les textes et images de grands dossiers d'actualité en plus de renseignements sur la programmation générale.

La Cinquième
http://www.lacinquieme.fr/
>La télévision éducative et de découverte française.

Télévision Suisse Romande
http://www.tsr.srg-ssr.ch/
Les programmes de la TSR et de Suisse 4.

MusiquePlus
http://www.musiqueplus.com
Le site de la télé musicale branchée.

M6
http://www.m6.fr
La petite chaîne montante de la télé française a maintenant sa vitrine sur Internet. On y présente la programmation et l'entreprise, mais on peut aussi en savoir un peu plus sur ses artisans.

Canal+
http://www.cplus.fr
Les Guignols de l'info, le sport, la Netcam, Cyberflash et le reste.

TV5
http://www.tv5.ca
Le site de la télévision internationale.

Branché
http://www.radio-canada.com/branche
Le site de l'émission télé. Rien à voir avec le site Web Branchez-vous ou le magazine du même nom. On y trouve de l'information complémentaire à l'émission présentée le week-end à la télé de Radio-Canada.

Arobas
http://www.tqs-qc.com/arobas
Un site simple mais très efficace pour l'émission branchée de TQS. Vous y trouverez les résumés des nouvelles et des reportages diffusés chaque semaine à l'émission.

TVHebdo

http://www.tvhebdo.com

L'horaire télé du jour pour le Québec avec, en plus, les diverses chroniques de l'édition papier.

Télé7jours

http://www.t7j.com

Des suggestions et la grille complète télé du jour pour la France avec la présentation de la version papier disponible en kiosque.

Le guide des programmes de la télé européenne

http://www.eurotv.com/eutvprog.htm

L'horaire télé de la semaine pour la France, la Belgique et le reste de l'Europe par câble et satellite. Mise à jour hebdomadaire. Avec ça, plus besoin de télé-horaire!

TVSéries

http://www.tvseries.com

Une véritable encyclopédie de la télésérie.

Cosmos1999

http://www.eeb.fr/series/cosmos99/index.htm

Un véritable travail de moine pour nous présenter un site hommage à la télésérie anglaise.

Page des Oraliens

http://www.microtec.net/~jade/oraliens/oraliens.htm

Initiative d'un internaute nostalgique de la télé de sa jeunesse, il nous offre un site hommage aux Oraliens. Ça vaut le détour, juste pour le souvenir…

Journaux et magazines

Sur ces sites, vous trouverez généralement la une du quotidien ou de l'hebdomadaire. Certains sites vont offrir des extraits d'articles. Les plus aventureux ont créé un site Web qui vit de son seul souffle avec un contenu original. Vous remarquerez que dans le domaine de la presse écrite sur le Web, c'est assurément la presse française qui mène le bal. Voici donc quelques bonnes adresses de la presse écrite présente sur le Web.

Journal de Montréal
http://www.journaldemontreal.com

Le Soleil
http://www.lesoleil.com

Le Droit
http://www.ledroit.com

Libération (France)
http://www.liberation.fr

Le Monde (France)
http://www.lemonde.fr

Le Monde diplomatique (France)
http://www.ina.fr/CP/MondeDiplo

La Tribune Desfossés (France)
http://www.latribune-desfosses.fr

Lyon Capitale
http://www.dtr.fr/lyoncap

Dernières Nouvelles d'Alsace (les)
http://www.sdv.fr/dna

Nice Matin
http://www.nicematin.fr

La Voix du Nord (Lille)
http://www.edelWeb.fr/Guests/VoixduNord/

Tribune de Genève
http://www.edicom.ch/tdg

Webdo (Lausanne)
http://www.Webdo.ch

24 Heures (Lausanne)
http://www.edicom.ch/24heures

Le Matin (Lausanne)
http://www.edicom.ch/matin

Le Nouveau Quotidien (Lausanne)
http://www.edicom.ch/lnq

Nouvelliste (Sion)
http://www.nouvelliste.ch

Journal du Jura (Bienne)
http://www.bielnews.ch/demojj/jdj.html

Le Soir illustré (Belgique)
http://www.Soirillustre.be

Paris-Match
http://www.parismatch.com

ELLE
http://www.elle.fr

Magazine Photo
http://www.photo.fr

Qui fait quoi
http://www.qfq.com

L'Actualité
http://www.maclean-hunter-quebec.qc.ca

Sélection du Reader's Digest
http://www.selectionrd.ca

Safarir
http://www.safarir.com

SMV Mac
http://www.excelsior.fr/svmmac

PC Direct France
http://www.zdnet.com/pcdirfr

PC Expert
http://www.zdnet.com/pcexpert

Informatique Online
http://techWeb.cmp.com/ifm/current

Icône, le magazine des souris et des hommes
http://www.ETnet.fr/icones

Atout Micro
http://www.atoutmicro.ca
    Le site du magazine informatique québécois.

Planète Internet France et Québec
http://www.netpress.fr
    Le premier magazine français à traiter d'Internet.

Québec-Sciences
http://www.QuebecScience.qc.ca
    Le mensuel de la culture scientifique au Québec offre des extraits de son magazine en plus d'extraits de ses guides Internet.

Pariscope
http://pariscope.fr
> La version électronique de l'hebdomadaire parisien.

L'Itinéraire
http://WWW.V-Planet.COM/itineraire
> Vous connaissiez peut-être le journal de la rue, eh bien maintenant, nous avons droit à l'édition électronique. On y trouve de l'information sur les itinérants et sur les organismes susceptibles de les aider.

Net-Kiosque
http://www.loria.fr/~charoy/autozines.html
> Un répertoire de journaux et périodiques francophones offerts sur Internet.

Eurêka
http://www.cedrom-sni.qc.ca
> Un service payant pour obtenir le jour même, par Internet, les articles de journaux québécois (*Le Devoir, La Presse, Le Soleil*) et du journal ontarien *Le Droit* d'Ottawa.

Journalisme

Reporters sans frontières
http://www.calvacom.fr/rsf
> Le site de l'organisation qui défend la liberté de la presse aux quatre coins du monde.

Le journaliste québécois
http://www.cam.org/~paslap
> Site qui traite du journalisme au Québec avec des liens intéressants vers d'autres sites de journalisme.

Médi@Web
http://www.microtec.net/~ngoyer/mediaweb.html
Un grand répertoire qui s'intéresse à la présence des médias sur le Net.

Annuaire des journalistes français
http://www.calvacom.fr/cgi-bin/annuaire
Les adresses électroniques des journalistes d'expression française.

Presse en ligne
http://www.imaginet.fr/pel
Le site de l'Association des journalistes professionnels des technologies de l'information met en relation les journalistes francophones et les entreprises du secteur de l'informatique.

Centre d'études des médias
http://info.msha.u-bordeaux.fr:8080/homepage.htm
Centre de recherche rattaché à l'Université de Bordeaux III (France).

Agence France-Presse Online
http://www.afp.com
L'AFP y offre un échantillon de ses différents services.

École supérieure de journalisme de Lille
http://www.esj-lille.fr
Une école qui offre une formation de haut niveau pour les métiers du journalisme, ainsi qu'une possibilité de formation continue pour les professionnels. On y trouve aussi un centre de recherche. Et pour les gens de l'extérieur de Lille, sachez que la pionnière des écoles françaises de journalisme est fortement engagée au plan international.

Agenda culturel

Voir

http://www.voir.qc.ca

> Le site de l'hebdomadaire culturel montréalais. Un site à l'image du journal: branché! On trouve les textes intégraux de l'édition papier en plus d'un service de recherche par mot clé pour fouiller le stock d'articles du journal. Désolé, mais pas de petites annonces sur le site!

Sur scène

http://www.surscene.qc.ca

> Un agenda culturel pour les villes de Montréal et Québec.

Le Scoop des Arts

http://www.scoopnet.ca/scoopdesarts

> Un hebdomadaire qui offre des critiques sur les activités culturelles au Québec. On y trouve de tout. Un son de cloche intéressant.

Ça bouge!

http://planete.qc.ca/culture

> Le site québécois d'information culturelle. Le site est réalisé par l'Organisation pour la diffusion des arts et spectacles au Québec (ODASQ).

Francoculture

http://francoculture.ca

> Un site produit par la Fédération culturelle canadienne-française pour faire connaître aux internautes les artistes, créateurs et travailleurs culturels des communautés canadiennes-françaises.

ArtAgenda

http://www.art-events.be

> Calendrier des activités culturelles bruxelloises.

Musique

Netmusik
http://www.netmusik.com
> Un carrefour d'informations et de contacts pour la musique québécoise.

La chanson d'expression française
http://ww.total.net/~lanevill/chanfran/chanfran.htm
> Un centre de référence pour la chanson francophone.

Les disques Audiogram
http://www.audiogram.com
> Belle initiative d'une maison de disques qui représente, entre autres, les Michel Rivard, Paul Piché, Rock et Belles Oreilles, Laurence Jalbert et cie. On y trouve des renseignements à propos de ses artistes en plus d'animations spéciales pour certains nouveaux produits de la maison.

Le Jazz en France
http://www.jazzfrance.com/fr
> Toutes les nouvelles ressources disponibles dans le domaine du jazz en France.

Jazz Magazine
http://www.jazzmagazine.com
> Une version électronique du magazine qui s'enrichit de mois en mois. On y trouve des actualités du jazz, des extraits audio d'entrevue, un calendrier de spectacles et bien d'autres choses encore.

Festival International de Jazz de Montréal
http://www.montrealjazzfestival.worldlinx.com
> Le grand festival populaire de musique jazz de Montréal offre sur Internet de l'information concernant l'événement de l'été.

French Music Database
http://www.sirius.com/~alee/fmusic1.html
Malgré son nom anglais, ce site francophone présente une foule d'informations pertinentes et actuelles sur la musique francophone au Québec et en France. Liens vers des palmarès hebdomadaires.

Québec: carrefour des artistes
http://www.qbc.clic.net/quebec/musique
La journaliste Suzy Turcotte a sa place dans le cybermonde où elle nous fait partager ses entrevues avec les plus grandes voix de la chanson québécoise.

MégaWeb
http://www.virgin.fr
Le mégasite du Virgin Mégastore.

La page du phonographe et du gramophone
http://www.ceic.com:8087/Phono.html
Le site hautement spécialisé pour l'amateur de phonographes et de musique mécanique.

Musicaction
http://www.musicaction.ca
Société privée qui encourage et stimule le développement de la chanson francophone au Canada.

Centre de musique canadienne
http://www.culturenet.ucalgary.ca/cmc/cmc_home_french.html
Un centre de référence sur la musique canadienne. On y trouve des renseignements sur plus de 400 compositeurs canadiens. Si vous êtes à la recherche de partitions d'œuvres pour orchestre, voix, divers instruments ou d'œuvres d'opéra, vous devriez tout trouver sur ce site.

Cyberblack

http://www.cyberblack.com

> Si vous êtes amateur de rock alternatif, vous devez absolument passer par ce site. On y présente des entrevues, de l'information et des photos des groupes québécois et étrangers les plus populaires dans le domaine de la musique alternative.

Une approche collective de la guitare classique

http://www.iti.qc.ca/iti/users/slair/franc.html

> Une ouverture sur le monde merveilleux de la guitare classique. Le site vous fournit des informations sur l'enseignement de la guitare classique en groupe.

Les meilleurs disques de tango

http://www.tango.montreal.qc.ca

> Une liste destinée à informer et à mettre à jour les tendances dans ce genre musical. Pour ceux qui écoutent et qui dansent le tango argentin d'aujourd'hui.

Musiques afro-caribéennes

http://www.ina.fr/CP/Music

> Le site a pour but de promouvoir la culture afro-caribéenne au travers de sa musique.

Quelques sites Web dédiés à des artistes

La page de Georges Brassens

http://www.ensem.u-nancy.fr/~mbensaie/brassens.html

Léo Ferré

http://milak.irfu.se/~uzan/ferre.html

Le site non officiel de Céline Dion

http://www.celine-dion.net/celine.html

Le site de Lara Fabian
http://www.lara.qc.ca

Luce Dufault
http://www.microtec.net/~prodld

Éric Lapointe
http://www.ericlapointe.com

Étienne Daho
http://www.etiennedaho.tm.fr

Vanessa Paradis
http://www.scarabee.com/P2/vanessa.html

Edith Butler
http://www.edithbutler.com

Louise Forestier
http://forestier.socom.com

Diane Dufresne
http://www.dianedufresne.com

Cinéma

Cinéfil
http://www.online.fr/cinefil
> Base de données contenant les fiches techniques de 27 000 films, 30 000 acteurs et 8 000 réalisateurs. En plus, la programmation de tous les films à travers la France, c'est-à-dire 3 800 écrans. Pas mal!

ONF Internet
http://www.onf.ca
> Le site présente les différents services de l'Office national du film canadien.

Cinéma

http://www.pratique.fr/~chtrain

Un petit site artisanal dédié au cinéma en général. Informations intéressantes.

Festival de Cannes

http://www.festival-cannes.fr

Le site du festival est interactif 12 mois par année. Venez découvrir l'histoire du festival et commander quelques souvenirs à la boutique du site avant de repartir.

Cinopsis

http://www.cinopsis.com/index.htm

Le magazine belge du cinéma international.

François Truffaut

http://outlet.imag.fr/fberard/grougne/Truffaut.html

Suberbe hommage rendu à Truffaut.

Hitchcock, la légende du suspense

http://hitchcock.alienor.fr

Un site créé de toutes pièces par amour et dévotion pour le grand maître du suspense. Si vous êtes un amateur de Hitchcock, vous ne serez pas déçu.

La page des amateurs de cinéma maison

http://www.megatoon.com/~mblais

L'amateur de cinéma trouve ici vraiment de tout: critiques de films en salle ou offerts en cassettes vidéo, horaire des salles de cinéma de Montréal et de Québec, les nouvelles productions à venir. On accepte même vos critiques de cinéma.

Festival des Films du Monde de Montréal
http://www.ffm-montreal.org
> Le site officiel du festival nous donne les informations géné-
> rales et la revue de presse de l'événement. Il est aussi possi-
> ble d'y voir les règlements et formulaires d'inscription pour
> les films et les formulaires d'accréditation pour les profes-
> sionnels. On y offre également une rétrospective.

Association Française de Recherche sur l'Histoire du Cinéma
http://www.dsi.cnrs.fr/AFRHC/AFRHC.html
> Le site d'une association très sérieuse de gens très sérieux qui
> ne prennent pas le cinéma à la légère. Intéressant pour
> l'information historique reliée au cinéma.

France Cinéma Multimédia
http://www.imaginet.fr/~fcm
> Initiative parrainée par l'acteur français Thierry Lhermitte,
> ce site s'intéresse à l'actualité du cinéma. Renseignements
> généraux, résumés de films, fiches techniques. On y offre
> pour certains films les scénarios et dossiers de presse. Et,
> avec un peu de chance, vous aurez même droit à quelques
> extraits de films.

Elvis Gratton
http://w3.laval.com/~berube/gratton.htm
> Un site hommage pour le film québécois *Elvis Gratton*, le
> King des Kings. Extraits sonores et photos pour le plus
> grand plaisir des amateurs.

CinéWeb
http://www.cineWeb.fr
> Le site des professionnels du cinéma en France.

Cinergie
http://www.synec-doc.be/MediaCine/cinergie
> Une revue électronique belge traitant de cinéma.

Première

http://www.premiere.fr
Le site du magazine français du cinéma.

Écran total

http://www.coproductions.com/ecran/ACTUPRO.HTM
L'actualité professionnelle du cinéma en France.

Le cinéma francophone
http://www.clap.qc.ca
Des informations sur le cinéma international francophone, en plus de liens vers des sites d'intérêt connexes, de l'horaire du cinéma Le Clap de Québec avec une description des films à l'écran.

Gros plan
http://www.alphacom.net/grosplan
Enfin, une boîte qui a compris l'utilité d'Internet! Cette agence de casting québécoise fait la promotion de ses artistes, comédiens, modèles et nouveaux visages en invitant les décideurs du monde à venir voir directement son catalogue sur son site Web!

IMAX Les Ailes
http://www.imaxlesailes.qc.ca
Le site d'une salle IMAX en banlieue de Montréal. En plus de l'horaire de la programmation de la salle, on y trouve une section où l'on peut expérimenter l'interactivité du Web.

Acteurs Associés
http://www.er.uqam.ca/nobel/m103015/Acteurs_Associes.html
Un groupe de jeunes acteurs et actrices de Montréal qui désirent faire eux-mêmes leur promotion. On trouve les photos, la fiche de présentation et des documents de démonstration audio et vidéo pour les voir à l'œuvre.

Mahée Paiement
http://www.mtv.se/mahee
> La comédienne et mannequin québécoise a droit à son site hommage par un fan suédois.

Arts visuels

Le Musée des Beaux-Arts du Canada
http://national.gallery.ca/serve2.html
> Ses galeries et ses expositions.

Maison européenne de la photographie à Paris
http://www.pictime.fr/maison-europeenne
> Un détour obligatoire si on aime la photo.

Photo Sélection
http://www.photodigest.ca
> Magazine québécois consacré à la photographie.

La médiathèque du Musée d'art contemporain de Montréal
http://Media.MACM.qc.ca
> Pour trouver de l'information sur les collections, des biographies d'artistes, des textes et des répertoires de ressources en art contemporain offerts sur Internet.

Centre international d'art contemporain de Montréal
http://www.odyssee.net/~ciac
> Présentation des expositions en cours et à venir.

Musée canadien des civilisations
http://www.cmcc.muse.digital.ca
> Le grand musée de la capitale nationale.

Musée du Québec
http://www.mdq.org
> Musée du Québec dédié au patrimoine québécois.

Centre culturel virtuel

http://ottawa.ambafrance.org

> L'initiative de l'ambassade de France à Ottawa: un grand centre culturel tout à fait virtuel. À noter, une anthologie de poésie présentée sous forme de carte interactive, d'un style tout à fait XVIIe siècle.

Magazine Photo

http://www.photo.fr

> Le grand magazine français de la photo est sur le Net.

Fondation Sélect

http://www.photo.ch

> Une fondation suisse vouée à la création artistique et à sa promotion, plus particulièrement dans le domaine de la photographie. Le site présente de superbes clichés.

Lumière

http://www.lumiere.com

> Un bel exemple de simplicité et d'esthétisme. Ici, on parle de ce qui est beau, de ce qui est à la mode et de ce qui peut être considéré comme de l'art.

Photographe de mer

http://www.vapillon.com

> Le site du photographe Jacques Vapillon.

Le Louvre

http://www.louvre.fr

> Le site officiel du musée français. Vous pourrez y passer des heures.

Web Picasso

http://www.clubinternet.com/picasso

> Une visite à ce musée virtuel de Picasso est obligatoire pour les amateurs d'art ou simplement pour les curieux. Bel exemple de ce que peut être un musée virtuel.

117

L'Union centrale des arts décoratifs (UCAD)
http://www.ucad.fr/pub

Le site est une fenêtre offerte par cette association d'industriels et de collectionneurs vers le musée de la publicité. On peut y visiter différentes sections dont l'univers de la publicité, ses rapports avec la presse et l'histoire de l'affiche pour n'en nommer que quelques-unes.

La galerie d'art de Cybersphère
http://www.quelm.fr/CSphere/Arts.html

Cette galerie virtuelle française présente un bon nombre d'œuvres représentatives de la création actuelle. Il y a de tout: infographie, murs peints, peintures et photographies.

Association des arts graphiques sur Internet
http://www.qbc.clic.net/~fred/aagi/aagi.html

Le site est un lieu où exposent quelques-uns des meilleurs artisans de l'image au Canada. Vous y trouverez des œuvres de photographes, d'illustrateurs, de graphistes, d'artisans en multimédia et d'infographistes.

Galerie d'art de l'Université de Moncton
http://www.umoncton.ca/gaum/hp_luc8.html

Cette galerie acadienne assure la diffusion d'œuvres virtuelles réalisées par des artistes invités.

Bulletin SCA
http://www.odyssee.net/~houlegae/Bulletin.html

La version électronique du bulletin de la Société canadienne de l'aquarelle.

GRAFF-514
http://www3.sympatico.ca/abergeron

Le webzine de graffitis à Montréal et dans les environs.

Logiciels

Le logiciel québécois
http://w3.cplq.org/cplq

Le centre de promotion du logiciel québécois offre un accès à son répertoire Accès Logiciels qui contient au-delà de 2 000 produits répartis dans plus de 150 domaines d'application.

WINternet Québec
http://ww.total.net/~duplesja

Si vous utilisez un PC, vous vous devez d'aller au moins une fois sur ce site qui répertorie plus de 475 partagiciels offerts sur Internet.

Centre de téléchargement
http://www.geocities.com/RainForest/5061/liens.htm

Vous y trouverez des liens vers la plupart des logiciels intéressants à télécharger sur Internet.

Interlude
http://www.uquebec.ca/Serveurs/RES/outils.html

La boîte à outils de l'internaute: la liste complète des logiciels nécessaires, la téléphonie et la vidéoconférence. Tout pour diffuser de l'information sur Internet et pour faire des fichiers HTML.

Francociel
http://www.cam.org/~mad/logfranc.htm

Un site entièrement consacré aux logiciels en français. Que vous soyez utilisateur de Windows 95, de Windows 3. quelque chose, ou encore un valeureux utilisateur de Mac, vous y trouverez des versions en français de logiciels de navigation et de messageries, et même quelques jeux.

Partagiciels québécois

http://www.toile.qc.ca/partagiciels

Initiative des producteurs de La Toile du Québec, la section se veut une tribune pour présenter les partagiciels, gratuiciels, démo et autres applications québécoises.

Association française des auteurs de ShareWares

http://www.pratique.fr/~lchabot

Un groupement d'auteurs de partagiciels qui essaient d'améliorer l'image du «shareware» en France. Le but ultime: que leur sigle représente un signe de qualité auprès des distributeurs, des utilisateurs et de la presse; qualité des logiciels des membres et qualité des rapports de ces derniers avec les utilisateurs.

Netscape

http://home.netscape.com/fr

Le site francophone du géant américain d'Internet vous offre la possibilité de télécharger la dernière version française du logiciel de navigation *Navigator*.

Alis

http://www.alis.com

Le logiciel multilingue de navigation *Tango* fonctionne en 15 langues. Il est offert gratuitement pour téléchargement. Essayez donc de vous y retrouver en chinois ou en russe!

WebExpert

http://www.visic.com/Webexpert

Un éditeur HTML en français fabriqué au Québec et offert gratuitement pour téléchargement.

Microsoft Explorer

http://www.microsoft.com/france

Microsoft a maintenant un site francophone pour son Microsoft Network. En plus de pouvoir y télécharger son logiciel de navigation *Internet Explorer*, MSN offre un répertoire de sites Web francophones.

Internet chez vous!

http://www.qbc.clic.net/icv.html

Internet chez vous! est un logiciel exclusif conçu par ClicNet. Il est fourni gratuitement par ClicNet pour permettre l'installation et la configuration de tous les logiciels nécessaires pour naviguer sur Internet avec Windows.

Sports et loisirs

Le monde de la Formule 1

http://www.gel.ulaval.ca/~beauli03/f1.html

Un site québécois très complet sur la course automobile en Formule 1. En plus des liens et des renseignements de toutes sortes sur le sujet, le site offre beaucoup de photos.

Musée Gilles Villeneuve

http://www.villeneuve.com/fr_index.htm

Site dédié au défunt coureur automobile québécois.

Dakar

http://www.dakar.com

Le site officiel du grand rallye automobile et moto du désert. À voir, la section photo et vidéo de la dernière édition.

Association de montgolfières du Québec

http://www.multi-medias.ca/BALLON/

Le site de l'Association de montgolfières du Québec. Un organisme qui regroupe des personnes qui s'intéressent au monde de la montgolfière (pilotes, élèves-pilotes, observateurs, organisateurs, météorologues, aviateurs et équipes au sol).

Dictionnaire usuel des joueurs de hockey
http://www.odyssee.net/~gagnonja/hockey.html
Un étalage des clichés, des expressions, des différentes lois écrites et non écrites qui régissent ce sport ainsi qu'une présentation de quelques personnalités dans le domaine. Amateurs de hockey, faites le détour!

SportWeb
http://www.idiap.ch/cgi-bin/SportWeb.cgi?-f
Un site complet au sujet du hockey en Suisse.

Le Canadien de Montréal
http://www.habs.com/francais
Les partisans du Tricolore y trouveront des renseignements d'ordre général au sujet de l'équipe, les résultats des rencontres de la saison et des renseignements sur la coupe Stanley.

Snowboard
http://www.esis.vsnet.ch/students/burrin/snow
C'est en Suisse qu'un vrai branché de la planche à neige a craqué, et a décidé de créer un site pour promouvoir son sport favori. Il offre des conseils techniques et des photos qui pourront peut-être vous mettre la neige à la bouche...

Le nautisme
http://www.oricom.ca/voile
Un site pour les adeptes de voile et de sports nautiques. On y parle des événements et compétitions à venir au Québec. Et, pour bien servir la communauté des plaisanciers, le site offre le détail de la météo le long du fleuve Saint-Laurent. On trouve aussi des liens vers d'autres sites.

La pelote basque
http://wwwbay.univ-pau.fr/Basque/PELOTE/pdg.html

Ça vous dit quelque chose, la pelote basque? J'espère bien parce que le sport remonte au VIIe siècle avant Jésus-Christ. Pourtant, bien des gens ne connaissent pas ou très peu ce sport. C'est pourquoi ce site Web vient à la rescousse de l'Occident pour nous rafraîchir la mémoire. Et hop! la balle sur le mur!

L'autoroute de la voile
http://www.synapse.net/~alfas/bienvenu.htm

Un grand site ou l'on parle de voile, mais aussi de sujets connexes au sport. Beaucoup de renseignements, mais aussi beaucoup de sections pratiques du style petites annonces ou littérature marine.

La pêche au Québec avec Patrick Campeau
http://www.alinfodc.com/pcampeau

Pêcheurs et pêcheuses d'Internet, c'est le temps de faire un pèlerinage sur ce site québécois de ressources relatives aux sports de la pêche et d'activités de plein air.

Football français
http://www.mnet.fr/ereffert

Tous les résultats dans les différentes divisions françaises et européennes. Il y a aussi des informations plus techniques sur les matchs et les équipes.

Toxophile Web
http://www.teaser.fr/~mdill

Un site qui traite du tir à l'arc en France.

Ze Kite Web
http://agnes.ftd.fr/perso/zekite/

Un site pour les adeptes de cerf-volant pilotable.

Parapente

http://www.eerie.fr/themes/parateam/index.html

Ce site français offre de l'information pour démystifier ce sport peu commun des hauteurs. Si vous le visitez, passez voir la section photo, et vous comprendrez pourquoi «ils» se lancent dans les airs.

Plongée sous-marine

http://www.teaser.fr/~dudrea/tpif

Le site Web du club de plongée de l'Île-de-France.

Short-track

http://www.imaginet.fr/~jmari

Présentation d'une discipline de patinage de vitesse encore peu connue.

Ski In

http://www.skiin.com/indexf.html

Un guide interactif de stations de ski en France.

Le Tour de France

http://www.letour.fr

Le site officiel du Tour vous offre un regard derrière le décor de la course à l'aide de documents vidéo et de photos tirés de la dernière édition. Un site à la hauteur de l'événement.

Pour les fous du volant… de badminton

http://www.cam.org/~slovenie/badminton.html

Un site pour les amateurs de badminton. Bonne présentation pour les débutants.

Myriam Bédard

http://myriam.bedard.infinit.net

Le site de l'athlète québécoise qui affectionne tout particuliè-rement la discipline du biathlon.

Jean-Luc Brassard

http://jean-luc.brassard.infinit.net

L'athlète québécois partage l'ambiance de ses compétitions et échange avec les visiteurs du site.

France sur Internet: sports

http://www.France.net.au/fr_links/sport_f.html

Un grand site répertoire qui trace la présence des amateurs de sports français sur le Web.

Maison et jardinage

Le spécialiste de l'habitation

http://www.v3i.qc.ca

Un site qui peut simplifier la vie des intervenants du secteur de l'habitation et des internautes, V3i s'est donné pour mission de regrouper sous un même toit tout ce qui touche de près ou de loin le domaine de l'habitation. V3i est un site spécialisé où des informations, des services et des produits vous sont offerts.

Maison-Net Québec

http://www.pageweb.qc.ca/maison-net

Un autre excellent site pour la maison. Que ce soit pour la vente, l'achat, la rénovation, le travail à la maison ou l'assurance résidentielle, le site vous offre des réponses ou vous guide vers d'autres sources de renseignements offertes sur le Web.

Service Inter-Agences en direct

http://www.mls.ca/realtyf

Cherchez la maison de vos rêves dans une énorme banque de données qui couvre tout le Canada et qui contient plus de 120 000 propriétés. Une fois la maison trouvée, contacter l'agent immobilier qui représente la propriété en question.

La Capitale

http://www.lacapitale.com

Le regroupement de courtiers immobiliers agréés et de ses franchisés offre de l'information pour l'acheteur potentiel et le vendeur.

Royal LePage

http://www.royallepage.ca/rlp/fr_index.htm

Le site du service immobilier Royal LePage

Régie du logement

http://www.rdl.gouv.qc.ca

Offertes sur le site, des informations sur la mission, le mandat, les lois et règlements de la Régie. Vous y trouverez aussi de l'information sur les droits et obligations des propriétaires et locataires résultant du bail d'un logement.

Tout l'immobilier en France

http://www.locat.tm.fr

Le service français 3615 À LOUER et 3615 À VENDRE vient de trouver sa niche sur le Web. Plus de 20 000 petites annonces.

Internet french property

http://www.french-property.com/indexf.htm

Un service pour les clients internationaux qui cherchent un logement français à acheter ou à louer.

Demeures de France

http://www.demeures.com

Prenez quelques minutes pour rêver. Châteaux, maisons, appartements et terrains de charme, à vendre en France...

Fleurs, Plantes et Jardins, la revue branchée
http://jardins.versicolores.ca

> *Fleurs, Plantes et Jardins* est le premier magazine horticole francophone offert sur le réseau. Le site est en soi une édition originale de la revue, et non une simple copie de la version imprimée.

La Main Verte
http://greenquest.com/mainvert

> Un guide complet pour vos plantes et fleurs d'intérieur. Si vous cherchez des conseils d'entretien, des petits trucs pour assurer la croissance en beauté de vos plantes, c'est ici que vous les trouverez.

Ministère de l'Environnement et de la Faune du Québec
http://www.mef.gouv.qc.ca

> Le site du ministère présente des renseignements au sujet des parcs québécois, des différents centres de données sur le patrimoine naturel du Québec. Et, évidemment, on y trouve de l'information concernant la faune et les habitats, la pêche sportive et les tarifs des permis de pêche et de chasse.

Animaux

Adoptez un chien virtuel
http://www.hrnet.fr/hrnet/dogz

> Un logiciel qui vous permet d'adopter un chien virtuel sur votre écran d'ordinateur. Tout comme un vrai toutou, votre chien virtuel court après la balle et exécute des tours. Vous pouvez télécharger le logiciel d'essai sur le site.

Vétérinet
http://www.mlink.net/veterinet

> Un site vétérinaire québécois qui présente de l'information, des articles et des liens vers d'autres sites d'intérêt pour les amateurs d'animaux de compagnie.

Amivet

http://www.total.net:8080/~amivet

Le site d'un vétérinaire qui vous offre de l'information pour mieux connaître certains aspects du monde animal. En vedette, vos amis le chien, le chat et l'oiseau!

Le monde canin

http://www.Webnet.qc.ca/chiens

Un site créé en collaboration avec les plus importants éleveurs de chiens de race pure de la province de Québec. Une bonne source de renseignements sur les différentes races de chiens populaires.

FranceWeb animaux

http://www.francenet.fr/franceweb/Cul/culanimaux.html

Un grand centre de référence pour en savoir plus sur les animaux du monde. Des renseignements sur les chiens et les chats, mais aussi des liens vers d'autres sites qui traitent d'animaux plus exotiques.

Le Berger blanc

http://www.alliance9000.com/E/bergerbl.html

Initiative fort louable à souligner. Ce refuge d'animaux perdus ou abandonnés dans la région de Montréal présente quelques-uns des locataires canins et félins pour leur offrir une chance de se faire adopter ou reconnaître par leur maître.

Société des herpétologues du Québec

http://www.mlink.net/~jbrault/SHQ.html

Initiative d'un regroupement d'amateurs et de professionnels des reptiles et amphibiens.

Les gorilles

http://www.imaginet.fr/~moncada/gorilles.html

Un site sur les gorilles.

Le parc Safari de Hemmingford
http://www.parcsafari.qc.ca
Le site présente les différents animaux du zoo et les activités récréatives du parc.

CyberZoo
http://CyberScol.qc.ca/Mondes/Darwin/Zoo
Un vrai zoo que vous pouvez visiter sans avoir peur de vous faire mordre, et sans être tenté de nourrir des bêtes. Un projet de CyberScol en collaboration avec le Jardin zoologique de Granby.

Les oiseaux de l'autoroute électronique
http://www.mic.qc.ca/ornitho
Un beau site sans prétention pour tous les amants de la gent ailée. Si vous avez le goût d'échanger et de découvrir, ce site est pour vous. Beaucoup de liens vers d'autres sites connexes.

Les oiseaux du Québec
http://ntic.qc.ca/~nellus
Le nid par excellence de l'ornithologue amateur au Québec. On y parle de sites d'observation, d'oiseaux rares. On y trouve aussi une bonne section sur les livres de référence.

Ma petite page d'ornithologie virtuelle
http://www.mediom.qc.ca/~rlapoint
Petite page bien sympathique qui plaira aux ornithologues amateurs. À l'ordre du jour: une photo mystère toutes les deux semaines et celles des semaines précédentes sont archivées.

Faculté de médecine véterinaire
http://brise.ERE.UMontreal.CA:80/~jettejp/Med_vet/
Le site de la faculté de l'Université de Montréal. Pour tout savoir sur la formation et l'institution.

Littérature vétérinaire francophone
http://brise.ere.umontreal.ca/~jettejp/litt.html

Le site mis sur pied par la faculté de médecine vétérinaire de l'Université de Montréal offre un service de diffusion à l'échelle internationale des publications vétérinaires de langue française.

30 millions d'amis
http://www.imaginet.fr/30millions-amis

Site Web de l'émission française.

Services pratiques

Canada 411
http://www.canada411.sympatico.ca/

Un grand bottin téléphonique en-ligne pour tout le Canada.

Bottin téléphonique électronique de la France
http://www.epita.fr:5000/11

Le service 11 du Minitel est offert sur le Web.

Annuaire des PTT suisses
http://pcline.epfl.ch/telptt.htm

Service de recherche «en-ligne» dans le bottin téléphonique suisse. Service payant.

Infobel
http://www.infobel.be

Un répertoire de quatre millions d'adresses commerciales et résidentielles en Belgique. Un seul problème, le site est dans la langue de Shakespeare. Pourquoi? Le wallon et le flamand, ça existe!

L'annuaire électronique

http://www.i3d.qc.ca/annuaire.htm

Un service d'annuaire d'adresses électroniques avec moteur de recherche offert par ceux-là même qui nous offrent le logiciel de recherche *Francité*.

Minitel

http://www.minitel.fr/index_fr.html

À partir du site, vous pouvez utiliser les services du Minitel français. On y offre une période d'essai gratuite, mais, par la suite, vous devrez payer chaque minute d'utilisation. Un service de France Télécom.

Environnement Canada

http://www.doe.ca/weather_f.html

Le service de prévisions météorologiques du Canada.

Météomedia

http://www.meteomedia.com/

Un site très complet sur le sujet de la météo opéré par le service spécialisé télévision du même nom.

Météo-France

http://www.meteo.fr/tpsreel/tpsreel.html

C'est d'abord le bulletin de Météo-France, mais vous pourrez accéder à quelques images satellite et à un bulletin de prévisions régulièrement remis à jour.

La météo au quotidien

http://www.meteo.org

Ève Christian, météorologue de Montréal, offre ses prévisions pour Montréal et les différentes régions du Québec.

Poste Canada

http://www.mailposte.ca

La Société canadienne des postes offre sur son site des renseignements de base et un système de recherche pour les codes postaux.

La Poste – France

http://www.laposte.fr

Présentation du service plus infos pratiques. Un site prometteur à surveiller...

État des routes au Québec

http://www.mtq.gouv.qc.ca/etat_routes

Un service offert par le ministère des Transports du Québec.

Sytadin

http://www.club-internet.fr/sytadin/map.html

Incroyable mais vrai, les conditions du trafic routier pour la région parisienne en temps réel. Également, le temps du parcours pour se rendre aux divers aéroports.

Pense-bête Internet

http://www.objectif.fr/daily.html

Si vous oubliez systématiquement de visiter un site ou d'envoyer du courrier électronique à quelqu'un, le Pense-bête Internet est fait pour vous! Il vous donne la possibilité d'enregistrer pour chaque jour de la semaine une liste de tâches à effectuer.

CyberPenseBête

http://memo.remcomp.fr

Pour recevoir un courrier électronique en aide-mémoire. Vous enregistrez une date et un message et l'ordinateur vous fera parvenir votre message en temps et lieu.

Lecteur de courrier

http://courrier.remcomp.fr

Un service qui vous sera utile si vous voyagez et si vous vous trouvez temporairement dans l'incapacité de vous connecter depuis votre poste habituel. En vous branchant à cette page, vous pourrez facilement avoir accès à votre serveur courrier comme si vous étiez devant votre ordinateur.

Loto-Québec

http://www.loto-quebec.com

Le site officiel de la société permet de vérifier les numéros gagnants de la semaine et des semaines précédentes.

NetFemme

http://www.cam.org/~cdeacf/netfemme.htm

Un point de départ intéressant pour les femmes francophones naviguant sur le Web. Des groupes communautaires de Montréal aux cyberstations et aux pages ressources des femmes du monde entier.

Automobile

http://multimax.infinit.net

Section automobile du grand site InfiniT. On y trouve une chronique de Jacques Duval, des trucs et astuces et même une encyclopédie mécanique.

Automech Pro

http://www.automechpro.com/revue

Un site Web rédigé par des techniciens québécois et consacré à la réparation automobile.

Le ciel et les étoiles

Observatoire du mont Mégantic
http://www.astro.umontreal.ca/home/omm/omm.html
   Le site de l'observatoire, on peut y prendre connaissance du calendrier des activités et y trouver des liens vers d'autres sites connexes au domaine.

L'Astronomie au Québec
http://www.quebectel.com/astroccd
   Vous êtes amateur d'étoiles, de galaxies et de trous noirs? Allez donc observer ce site. Bien humblement, ses concepteurs se présentent comme étant La source de l'astronomie au Québec!

Skylink
http://pegase.unice.fr/~skylink
   Un grand lieu de rencontre pour les astronomes amateurs francophones. On y propose aussi des liens vers des clubs d'astronomie.

Images et animations astronomiques
http://www.univ-rennes1.fr/ASTRO/astro.french.html
   Le répertoire des images astronomiques du CRI de Rennes. En résumé, vous trouverez des images, des images et encore des images.

Nos astronautes canadien(ne)s
http://www.vir.com/mmm/agence/fra/menu1f.htm
   Le site de l'Agence spatiale canadienne. Pour mieux comprendre le travail des astronautes et, si la vie vous intéresse, comment présenter votre candidature.

Clémentine

http://clementine.cnes.fr

Une énorme banque d'images de la Lune tirées de la mission Clémentine est maintenant offerte par l'Agence française de l'espace. Et vous avez le choix, il y a eu tout près de deux millions de photos produites lors de la mission.

Euro Space Center

http://www.ping.be/eurospace

Le site du centre d'interprétation spatial belge. À défaut de pouvoir s'y rendre, on peut toujours rêver!

La Maison de l'astronomie

http://www.microid.com/maison.htm

Le site d'une boutique québécoise spécialisée en astronomie. On y trouve de l'info générale dans le domaine et évidemment, des petites annonces pour acheter du matériel.

Droit

Chronique juridique

http://WWW.CAM.ORG/~siddiqi/jacques/francais/couvert.htm

L'avocat québécois Jacques Labrecque signe chaque semaine une chronique au sujet du droit relié aux nouvelles technologies.

La lettre de l'Internet juridique

http://www.argia.fr/lij

Lettre d'information juridique mensuelle ayant pour thème le droit de l'informatique et des nouvelles technologies de l'information. La lettre est réalisée par des avocats français.

Étude légale Cloutier, Dupuis

http://www.cam.org/~cloutip/fr/etude.html

Après les médecins qui offrent des consultations médicales virtuelles, voici que vous pouvez obtenir une consultation juridique virtuelle avec un des membres d'un cabinet d'avocats du Québec.

Bibliothèque virtuelle en droit canadien

http://www.DROIT.UMontreal.CA/Biblio

Une initiative de la faculté de droit de l'Université de Montréal. C'est un véritable raccourci vers un énorme labyrinthe de documents et ouvrages concernant le droit canadien.

Code civil du Québec

http://www.droit.umontreal.ca:80/cgi-bin/ccfTDM

Les dix grands livres du *Code civil québécois* se trouvent sur ce site créé par la faculté de droit de l'Université de Montréal.

Barreau du Québec

http://www.barreau.qc.ca

Un mega site de ressources et de renseignements juridiques pour les professionnels du droit.

Barreau de Paris

http://www.paris.barreau.fr

Le site de l'Ordre des avocats à la Cour de Paris.

L'Obiter sur Internet

http://www.DROIT.UMontreal.CA/Obiter

Un forum électronique de discussion sur le droit et les nouvelles technologies.

Guerre et paix

La Légion étrangère
http://ourworld.compuserve.com/homepages/lc_vedel

Eh oui, même les légionnaires sont sur Internet. Beaucoup de renseignements pour celui qui s'intéresse à la Légion étrangère: l'histoire, les règlements, la revue de l'uniforme, des épaulettes jusqu'à la grenade et la description des différents régiments. Pour les plus téméraires, il existe une page qui explique la marche à suivre pour s'engager.

Service canadien du renseignement de sécurité (SCRS)
http://www.csis-scrs.gc.ca

Pour découvrir la nouvelle réalité de l'espionnage international et le service de contre-espionnage canadien. De l'information sur l'espionnage économique et industriel, et comment s'en protéger. Aussi, une bonne explication du cadre législatif sur le renseignement au Canada.

Le Monde du renseignement (Intelligence Online)
http://www.indigo-net.com/lmr.html

Une revue spécialisée pour les gens qui s'intéressent de très près au monde du renseignement, de la sécurité et de l'armement. Pour l'accès au texte complet du magazine, il faut s'abonner, mais sans abonnement, vous aurez déjà une bonne idée du contenu de la rédaction.

Amnistie internationale
http://www.amnistie.qc.ca

L'association qui lutte depuis si longtemps contre les atteintes aux droits fondamentaux de l'homme a maintenant pignon sur la grande rue virtuelle. La section canadienne-française d'Amnistie internationale présente les actions du regroupement et vous invite à agir.

Greenpeace

http://www.greenpeace.org/fr-index.html

La version française du site comporte des lacunes, mais vaut quand même une mention. Le reste du site, en anglais, nous présente les opérations du groupe à travers le monde.

Religion et philosophie

Conférence des évêques catholiques du Canada

http://www.cam.org/~cccb

Les évêques du Canada ont pris les grands moyens pour communiquer leur message à la jeune génération.

Les Jésuites

http://www.odyssee.net/~mbrisson

Un site qui présente les Compagnons de Jésus et leur œuvre partout dans le monde.

Partenia

2http://www.partenia.org

Un site très moderne pour suivre les activités de Mgr Jacques Gaillot, évêque de Partenia.

Le Vatican

http://www.vatican.va

Le site Web du Saint-Siège. On peut s'y balader ou faire de la recherche à l'aide des documents de l'Église grâce à un outil de recherche. Également offert, le service de presse papale.

Sanctuaire de Notre-Dame de Lourdes

http://lourdes.edi.fr/lourdes

Même le sanctuaire prend sa place sur Internet pour présenter son histoire au monde entier.

Ésotérisme-Généalogie-Histoire-Philosophie-Religion
http://alize.ERE.UMontreal.CA/~vervillj/philo.html

Oui, je sais, c'est un titre très général, mais c'est exactement ce à quoi vous aurez droit en visitant le site. D'excellentes perches vous sont tendues pour découvrir des sites à contenu plus sérieux.

Autre conscience, autre monde
http://ourworld.compuserve.com/homepages/Claude_B

Si la réflexion sur la vie, la mort et le destin fait partie de votre quotidien, ce site vous intéressera sûrement.

Métafuturs
http://www.cam.org/~mdumont/metafuturs.html

Un haut lieu de réflexion sur l'homme et le monde qu'il a créé. Des textes et des commentaires qui portent à réfléchir sur notre vie et nos agissements.

Archambault, Gil
http://club-culture.com/rubrique/gilles/index.htm

Les réflexions du billettiste montréalais sont reprises sur ce site Web. Vous pouvez sélectionner le commentaire de votre choix, le premier date de février dernier, et vous pourrez le lire tranquillement en sirotant votre café…

Mercure
http://www.philo.uqam.ca

Le site Web du département de philosophie de l'Université du Québec à Montréal.

Association canadienne de philosophie
http://www.uwindsor.ca/cpa

C'est le site de l'Association canadienne de philosophie, une société qui regroupe principalement des professeurs et des étudiants en philosophie. Vous y trouverez de l'information au sujet des activités philosophiques au Canada.

Quelques autres sites

Les Humains associés
http://www.ina.fr/CP/HumainsAssocies

Probablement ce qu'il y a de plus beau et de plus noble comme site francophone pour le moment sur l'échiquier virtuel. Des psychologues, des scientifiques, des artistes et des journalistes français se sont réunis il y a plus de 10 ans pour créer cette association et, aujourd'hui nous pouvons accéder à leur journal et à leur réalisation grâce au site Web.

Francêtres
http://www.cam.org/~beaur/gen

Le site est dédié à la généalogie francophone. Il couvre un ensemble de sujets sur la généalogie des régions et personnes francophones (en particulier le Québec, l'Acadie et la France) et les principales ressources offertes aux francophones.

Généalogie de France
http://www.wp.com/gefrance/homef.htm

Le premier service consacré exclusivement à la recherche de vos ancêtres en France. Vous pouvez consulter les bases de données ou demander qu'on réalise pour vous de véritables recherches personnalisées.

Horoscope
http://www.cam.org/~norja/lundi.html

Votre horoscope hebdomadaire par l'astrologue québécoise Jacqueline Aubry. Vous pouvez même y obtenir votre carte du ciel.

Astroforum

http://www.astroforum.com/meredith

Meredith Duquesne, astrologue vedette d'Europe1 et de France2, propose un service de consultation personnalisée. Elle répond personnellement à une question précise après étude de votre thème astral de naissance.

Site Internet fransaskois

http://www.dlcwest.com/~acfc

Un lien direct pour garder le contact ou découvrir la communauté francophone de la Saskatchewan.

Cités-Québec

http://www.gescom.qc.ca/citequeb

Le regroupement des municipalités du Québec sur Internet.

Le quartier français du village global

http://www.urich.edu/~jpaulsen/gvfrench.html

Vous avez déjà entendu parler du village global. Eh bien, bienvenue dans son quartier francophone! Ici, on échange et on partage...

Belgitudes

http://www.exmachina.be/hetoiledeouaib/belgitud.htm

Un site belge qui présente une sélection de blagues belges... pardon, on devrait dire dont les héros sont belges!

Metissacana

http://www.metissacana.com

C'est le site d'une société sénégalaise, mais également la page d'accueil du premier cybercafé d'Afrique francophone. Une excellente passerelle pour découvrir la CyberAfrique!

In Memoriam

http://www.inmemoriam.qc.ca

Le site offre la possibilité de rendre un dernier hommage à l'être cher disparu. Également, sur le site, des conseils utiles lors du décès et des adresses pratiques à la suite du décès.

ZAW

http://www.imaginet.fr/zaw

Un site unique pour avoir une vision concrète de la pub sur le Web: plus de 1 500 pubs visibles, avec leurs liens réels, ainsi que d'autres rubriques thématiques.

Chapitre 3

Les forums de discussion
(newsgroups)

L'une des ressources les plus intéressantes qui nous soit offerte sur le réseau Internet est sans contredit les forums de discussion du réseau Usenet, mieux connus sous le nom de *newsgroups*. Ces 14 000 forums permettent à des milliers de gens qui partagent des intérêts communs d'échanger leurs expériences, leurs opinions et leurs réflexions. Les professionnels et étudiants y trouvent un outil incomparable pour discuter de sujets spécialisés tandis que monsieur et madame Tout-le-monde peuvent en profiter pour converser avec d'autres internautes sur des sujets aussi divers que leurs expériences de voyages ou les dernières performances sportives de leur équipe préférée.

Cela dit, je mets toujours un bémol à mon enchantement devant ces petites merveilles que sont les forums de discussion. Vous y trouverez de l'information oui, mais aussi de la propagande, car les groupes de discussion sont avant tout un grand rendez-vous d'idées et d'opinions, et non pas un lieu d'informations vérifiées. Bref, ce n'est pas parce que c'est écrit que c'est nécessairement vrai!

Parmi les milliers de forums offerts sur Usenet, on en retrouve quelques-uns en français. Vous connaissez déjà peut-être le *soc.culture.french* ou encore le *soc.culture.quebec*, mais il y en a beaucoup d'autres. D'ailleurs à la fin de cette section, je vous offre une liste de 100 forums de discussion francophones offerts sur le réseau Usenet.

Mais, pour le moment...

La nétiquette

Vous avez décidé de vous lancer dans la découverte des conférences Usenet, et vous désirez participer le plus rapidement possible aux discussions. C'est bien beau et surtout très compréhensible, mais connaissez-vous la «culture» du groupe de discussion qui vous intéresse? Savez-vous que certains groupes sont dirigés par un animateur de discussion, et que d'autres sont tout à fait libres? Que certains acceptent les novices, mais que d'autres acceptent uniquement les experts? Avant de vous lancer tête première dans l'affichage de vos commentaires, prenez le temps de lire les messages du groupe de discussion. Vous pourrez ainsi mieux connaître la «culture» du forum et mieux cerner le style et la personnalité des participants. Des conseils de ce type, il y en a des dizaines et des dizaines à donner à des internautes qui commencent leur vie dans les conférences de discussion. Tout cela fait partie de la «nétiquette». Ces quelques règles sont à suivre pour que tous puissent communiquer en paix et dans le respect de chacun. Je vous en présente quelques-unes, les plus importantes.

Vous désirez afficher un message

Bravo! Vous participez à la vie de la conférence. Essayez d'avoir des propos clairs, précis et pensez toujours à la concision de votre message. Les participants ne veulent généralement pas lire un essai, mais plutôt avoir une opinion, une réflexion de quelques lignes. Si l'on vous invite par la suite à développer votre pensée, alors là, vous pourrez répondre directement au correspondant ou afficher dans la conférence si votre propos intéresse plus d'une personne.

Il y a une façon de dire les choses

Lorsque vous écrivez un message pour afficher dans une conférence Usenet, gardez toujours en tête que vos propos seront envoyés aux quatre coins de la planète. Soyez conscient des différences culturelles entre les francophones du monde. Un Belge, un Sénégalais, un Polynésien et un Montréalais ont certes la langue en commun, mais ils ont aussi des références culturelles bien différentes.

Est-il fâché?

Malheureusement, la communication écrite, pour aussi complète qu'elle soit, manque de ponctuation pour marquer l'émotion d'une communication. C'est pourquoi on utilise les binettes (*smileys*) pour donner un contexte émotionnel à nos textes. Remarquez bien les symboles qui ponctuent la fin des phrases du genre :-) (heureux) et :-((triste), ils vous donneront une indication quant à l'émotion du rédacteur.

Lire avant d'écrire

Vous venez de lire un message dans lequel quelqu'un demande de l'information. Bon Samaritain, vous avez la réponse, alors vous décidez de lui répondre. Avant de le faire, vérifiez donc dans le reste des messages de la conférence pour voir si on ne lui a pas déjà répondu. Vous éviterez de perdre votre temps et de lui faire perdre le sien.

Vous répondez à un message

C'est beau, vous êtes le premier à répondre! Est-ce que votre réponse est d'intérêt public? Ou devriez-vous tout simplement envoyer votre réponse directement à l'interlocuteur dans sa boîte de courrier électronique?

Dans les deux cas, assurez-vous de mettre au début de votre message un résumé de la question ou du propos auquel vous répondez pour bien situer le lecteur.

Attention à vos propos!

Vos textes sont un reflet de vous. On vous lit peut-être jusqu'au bout du monde, mais votre voisin ou collègue de bureau est peut-être lui aussi branché sur le même groupe de discussion. Attention à ce que vous dites. Soyez responsable, car des propos mal orientés pourraient se retourner contre vous dans votre entourage. Et, qui sait, votre prochain patron vous lira peut-être dans une conférence.

Pas de lettre majuscule

Dans un monde de lettres où la communication se fait à l'aide de mots, les détails deviennent importants. Utilisez seulement les lettres majuscules au début d'une phrase ou d'un nom propre. Dans les forums comme dans le courrier électronique, les mots ou phrases en majuscules représentent un cri. À moins de vouloir crier votre message aux usagers des forums, il est de meilleur goût de ne pas employer les lettres majuscules.

Les accents...

Les accents de la langue française voyagent encore très mal sur ce réseau développé à la base pour la langue anglaise. Par conséquent, il est recommandé de ne pas utiliser d'accents dans vos messages affichés dans les conférences Usenet. Si, par la suite, vous entamez un dialogue privé, demandez à votre interlocuteur si les accents voyagent vers lui. Vous pourrez ainsi peut-être reprendre les accents avec lui. En passant, ne soyez pas trop dur avec les gens à propos de la qualité de leur français. Nous aspirons tous à une qualité maximale de la langue, mais il est souhaitable dans les forums de ne pas faire de remontrance publique sur la qualité de la langue écrite d'un interlocuteur.

Des titres évocateurs s'il vous plaît

Le premier contact que les utilisateurs du forum auront avec vous sera le titre de votre message. Choisissez toujours un titre qui représente bien l'essence et l'esprit de votre communication. Un titre peu accrocheur du style: «C'est mon opinion» ne risque pas d'aller chercher beaucoup de lecteurs. Au contraire, si vous affichez: «Pourquoi suis-je contre les boutons à quatre trous?», tous ceux qui s'intéressent à ce sujet viendront vous lire.

Il ne faut pas croire tout ce qu'on lit

Je fais souvent une mise en garde auprès des journalistes à qui j'offre une formation d'utilisation d'Internet pour la recherche de renseignements. Cette mise en garde pourrait vous servir également. Les forums sont des endroits publics où se retrouvent des gens pour discuter de sujets qui les intéressent. Comme dans la réalité, vous devriez toujours vérifier la véracité des propos lus dans un forum avant de vous en servir dans vos rédactions ou même de les citer dans une autre conversation. À moins de les mettre en contexte évidemment. Vous n'iriez pas croire les propos d'un inconnu dans la rue, alors pourquoi les croire dans un groupe de discussion? Comme dans la «vraie» vie, il faut connaître son interlocuteur pour savoir où sont ses intérêts personnels par rapport au sujet débattu.

Prends pas ça trop personnel!

Les gens qui vous répondront, pour la plupart, ne vous connaissent probablement pas, et n'ont rien contre vous personnellement. Ils réagissent tout simplement à vos écrits ou à la perception de vos écrits. L'anonymat aidant, certaines personnes deviennent très arrogantes dans leur façon de communiquer avec des gens avec qui elles diffèrent d'opinion. Elles vous attaqueront verbalement, vous traiteront de tous les noms. Si vous recevez ce genre de réponse, restez calme et respirez un bon coup. Vous êtes victime de *flaming* et, dans ce cas, il faut évaluer la situation. Si la réponse à votre message vous est envoyée directement, vous avez le choix de l'oublier ou de réagir aux propos de la personne. Si la réponse est affichée dans un forum de discussion et que vous vous sentez lésé par les propos de la personne, vous pouvez répliquer, mais vous risquez de vous engager dans une longue discussion qui attirera sûrement d'autres interlocuteurs.

Dans quels forums afficher?

Vous êtes à la recherche d'un conférencier pour parler de généalogie. Vous décidez de demander de l'aide dans les conférences Usenet. Mais où afficher votre demande? Lorsque le sujet est très ciblé comme dans le cas de la généalogie, visez toujours le groupe qui s'en rapproche le plus. Si vous avez une question plus large, du genre «Je vais en Suisse la semaine prochaine, quel temps fera-t-il?», vous pouvez afficher le message dans un groupe plus général comme *soc.culture.swiss*, et vous devriez avoir une réponse dans les jours qui suivent.

La gâchette est sensible

Prenez bien garde de ne pas envoyer le même message plusieurs fois dans le même groupe. Si on est intéressé à vous lire, on vous lira. Pas besoin d'insister! Et surtout, évitez d'afficher un même message dans plusieurs forums en même temps. Du *cross-posting* en bon français. Essayez toujours d'afficher votre message dans le forum où vous serez le plus susceptible de trouver des lecteurs intéressés.

Votre signature

Vous avez probablement déjà remarqué des signatures au bas du message. Quelques lignes avec le nom, l'adresse électronique et l'adresse du site Web de l'auteur. Il est toujours intéressant d'avoir ce genre de personnalisation de message. Dans votre grande créativité, n'oubliez pas la règle de bon procédé qui demande qu'une signature ne dépasse jamais quatre lignes.

Le respect de la confidentialité

Il est toujours très délicat et fortement déconseillé de reprendre, dans un message public, un extrait d'un message que l'on vous a envoyé par courrier électronique. Si la personne a choisi de vous envoyer un message privé, elle a ses raisons, et vous ne devriez pas utiliser ses paroles publiquement sans sa permission.

Droits d'auteur

Attention aux droits d'auteur. Bon nombre d'internautes reprennent à l'occasion des extraits de textes de journaux, de manuels ou de modes d'emploi. Mais savez-vous que la plupart de ces textes sont protégés par les droits d'auteur, et que vous pourriez être apostrophé un beau jour pour

violation du droit d'auteur? Attention à ce que vous repro-
duisez. S'il est important pour votre communication de
reprendre un extrait quelconque, demandez la permission
et, à défaut, assurez-vous de donner la référence du docu-
ment cité.

Évitez les messages publicitaires

Comme il existe des forums précis pour annoncer la vente
d'articles, les conférences et les offres de service, évitez
d'afficher un message publicitaire dans les forums de discussion. Le plus souvent, à la longue, ces affichages se
retourneront contre vous, et on vous verra venir d'un mauvais œil dans les autres forums de discussion.

Liste de forums de langue française offerts sur le réseau Usenet

Si vous avez déjà consulté les forums de discussion, vous
avez probablement remarqué que la majorité des forums
sont en anglais. D'ailleurs, la plupart des internautes se fati-
guent rapidement à chercher les forums francophones parmi
les 14 000 groupes de discussion. Et, malgré ce que vous
pourriez croire, après une visite dans le monde des groupes
de discussion de Usenet, il y a plus d'une centaine de
forums qui utilisent principalement la langue française.
Alors, afin de vous épargner des heures de recherche, je
vous propose une liste de 100 forums de langue française
avec une courte présentation de chacun. Il se peut que votre
fournisseur de connexion n'offre pas tous ces groupes de
discussion. Dans ce cas, si un forum de la liste vous intéresse particulièrement, n'hésitez pas à demander à votre
fournisseur de l'ajouter à la sienne.

soc.culture.french
Le grand rendez-vous des francophones et francophiles.

soc.culture.quebec
Discussions concernant le Québec.

soc.culture.swiss
On y parle de questions suisses en français, en allemand et en anglais.

soc.culture.belgium
Le forum des Belges, Wallons et Flamands.

can.français
Ici, on s'adresse à la francophonie canadienne.

mtl.general
Un rendez-vous pour les Montréalais.

mtl.jobs
Pour offrir ses services ou trouver un emploi dans la région de Montréal.

mtl.vendre-forsale
Si vous désirez acheter ou vendre quelque chose à Montréal.

mtl.test
Pour tester vos envois vers des forums montréalais.

qc.general
Discussions diverses concernant le Québec.

qc.jobs
Offres de service ou d'emploi dans tout le Québec.

qc.politique
Réflexions et échanges au sujet de la politique québécoise.

nb.français
Groupe de discussion acadien.

soc.genealogy.french
Pour retrouver ses ancêtres francophones.

soc.genealogy.benelux
Recherche généalogique en Belgique, aux Pays-Bas ou au Luxembourg.

fr.announce.divers
Des annonces officielles concernant Internet.

fr.announce.important
Annonces concernant les conférences francophones.

fr.announce.newgroups
Ici, on discute et on annonce la création de nouveaux groupes francophones.

fr.announce.newusers
Un coin destiné aux nouveaux utilisateurs.

fr.announce.seminaires
Pub pour des conférences et séminaires.

fr.bio.biolmol
Biologie moléculaire.

fr.bio.general
Discussions au sujet de la biologie.

fr.bio.logiciel
On parle de logiciels connexes à la biologie.

fr.biz.d
Discussions liées aux groupes francophones d'affaires.

fr.biz.produits
On présente des nouveaux produits.

fr.biz.publicite
Annonces publicitaires.

fr.comp.divers
Discussions sur l'informatique.

fr.comp.ia
Un rendez-vous avec l'intelligence artificielle.

fr.comp.infosystemes
Les systèmes de réseau d'information.

fr.comp.os.divers
Discussions à propos des systèmes d'exploitation.

fr.comp.os.linux
Discussions à propos du système LINUX.

fr.comp.os.msdos
Discussions à propos du système MS-DOS.

fr.comp.os.os2
Discussions à propos du système OS/2 d'IBM.

fr.comp.os.unix
Discussions à propos du système UNIX.

fr.comp.os.vms
Discussions à propos du système VMS de Digital.

fr.comp.sys.amiga
Discussions entre utilisateurs d'Amiga.

fr.comp.sys.atari
Discussions entre utilisateurs d'Atari.

r.comp.sys.divers
Discussions entre utilisateurs de machines diverses.

fr.comp.sys.mac
Discussions entre utilisateurs de Macintosh.

fr.comp.sys.next
Discussions entre utilisateurs de machines NEXT.

fr.comp.sys.pc
Discussions entre utilisateurs de PC et compatibles.

fr.comp.windows.divers
Discussions générales au sujet de la plate-forme Windows.

fr.comp.windows.ms
Discussions au sujet de l'environnement Windows de Microsoft.

fr.doc.biblio
Discussions entre documentalistes.

fr.doc.divers
Discussions reliées à la documentation.

fr.doc.magazines
Sommaires de magazines.

fr.education.divers
Pour parler d'éducation.

fr.education.medias
Les ressources multimédias en éducation.

fr.emplois
Réflexions relatives à l'emploi et aux emplois.

fr.emplois.demandes
On y offre ses services pour un emploi ou un stage.

fr.emplois.offres
Offres d'emploi.

fr.misc.divers
Le fourre-tout des forums francophones.

fr.misc.droit
Discussions juridiques.

fr.misc.transport.autostop
Offres et demandes de covoiturage.

fr.misc.transport.rail
Discussions au sujet du transport ferroviaire.

fr.network.divers
Pour parler de réseau informatique en général.

fr.network.incidents.annonces
L'annonce des incidents réseaux.

fr.network.internet
Un forum de réflexion sur Internet et son évolution.

fr.network.internet.fournisseurs
Les fournisseurs de connexions offrent leurs services.

fr.network.modems
Discussions au sujet des modems.

fr.petites-annonces.divers
Petites annonces générales.

fr.petites-annonces.immobilier
Petites annonces immobilières.

fr.petites-annonces.informatique
Petites annonces d'équipements informatiques.

fr.petites-annonces.vehicules
Petites annonces de véhicules.

fr.rec.anime
La bande dessinée japonaise.

fr.rec.arts.bd
Forum de la bande dessinée.

fr.rec.arts.plastiques
Forum sur les arts plastiques.

fr.rec.arts.sf
Rendez-vous des amateurs de science-fiction.

fr.rec.cinema.affiches
Discussions à propos des films à l'affiche.

fr.rec.cinema.discussion
Échanges au sujet du cinéma.

fr.rec.cuisine
Des recettes et des conseils culinaires.

fr.rec.divers
Discussions concernant les loisirs.

fr.rec.genealogie
Rendez-vous francophone de la généalogie.

fr.rec.humour
Le forum de l'humour.

fr.rec.jeux.divers
Discussions à propos des jeux.

fr.rec.musiques
Ici, on parle musique.

fr.rec.oracle
Si vous êtes à la recherche d'une réponse...

fr.rec.sport.divers
Le forum des sports.

fr.rec.sport.football
Pour les amateurs de football (soccer).

fr.rec.tv.satellite
Discussions à propos de la télévision par satellite.

fr.res-doct.archi
Forum qui traite de réseau doctoral d'architecture des systèmes.

fr.sci.automatique
Groupe de discussion spécialisé en matière d'automatique.

fr.sci.biometrie
Discussion concernant la biométrie.

fr.sci.cogni.discussion
Échanges au sujet des sciences cognitives.

fr.sci.cogni.incognito
Le forum de l'Association des étudiants en sciences cognitives.

fr.sci.cogni.info
Annonces des conférences et séminaires reliés aux sciences cognitives.

fr.sci.cogni.outil
Des logiciels et autres outils pour les sciences cognitives.

fr.sci.cogni.publication
Publications reliées aux sciences cognitives.

fr.sci.jargon
Pour trouver le mot français pour des termes techniques étrangers.

fr.sci.philo
Forum dédié à la philosophie.

fr.soc.divers
Discussions diverses sur des sujets sociaux.

fr.test
Pour tester vos envois vers des forums francophones.

fr.usenet.8bits
Les forums de discussion avec nos caractères français.

fr.usenet.distribution
La distribution des groupes de discussion francophones.

fr.usenet.divers
Le fourre-tout dans le groupe fr.usenet.

fr.usenet.groups
Discussions à propos de la création de nouveaux groupes francophones.

fr.usenet.logiciels
Échanges au sujet des logiciels pour consulter les forums.

fr.usenet.reponses
Les réponses aux questions les plus fréquemment posées.

fr.usenet.stats
Statistiques concernant les groupes de discussion francophones.

Chapitre 4

Êtes-vous cyberdépendant?

C'est la question que nous devons tous nous poser un jour ou l'autre après avoir passé des soirées sinon des nuits à naviguer sur Internet. Et là, je ne parle pas des premières heures de connexion, mais bien de l'utilisation hebdomadaire ou plus sérieuse encore... quotidienne! Qui n'a pas dit: «J'en ai encore pour 15 minutes...», pour s'apercevoir qu'elle ou il est encore là une heure plus tard. Vous êtes-vous déjà dit: «Encore deux sites et je vais me coucher», pour vous rendre compte que 15 sites Web plus tard vous êtes encore là? Honnêtement, ce sont peut-être les premiers symptômes de ce qui pourrait devenir une dangereuse dépendance au «branchement quotidien» dont souffrent les internautes compulsifs. Voici un test très peu scientifique que j'ai conçu après de longues heures d'observation de cas cliniques. Je vous propose donc 25 questions qui vous permettront de faire le point sur votre consommation d'Internet. Quand vous aurez répondu aux questions, rendez-vous à la fin du questionnaire pour évaluer votre niveau de dépendance. Bon test et surtout, bonne chance!

Questionnaire

	Vrai	Faux

1) Vous discutez plus fréquemment avec des gens d'un autre continent qu'avec vos collègues de bureau.

2) La nuit, vous avez déjà rêvé que vous naviguiez sur Internet.

3) Vos amis doivent vous envoyer un courrier électronique pour vous demander de libérer la ligne afin de vous téléphoner.

4) Vous croyez que l'École de navigation maritime est un centre de formation d'internautes situé au bord de la mer.

5) Votre carte professionnelle comprend votre adresse de courrier électronique.

6) Vous dessinez des sourires, des binettes (*smileys*) dans votre agenda.

7) Vous avez déjà manqué votre émission préférée parce que vous naviguiez sur Internet.

8) Vous avez déjà vérifié les possibilités de vous brancher avant de déménager dans une nouvelle région du pays.

9) Vous avez plus souvent des rendez-vous sur les canaux de discussion en direct d'Internet que dans des restos ou des bars.

	Vrai	Faux

10) Vous vous êtes abonné à un grand
nombre de listes d'envoi seulement
pour recevoir davantage de
courrier électronique.   _____ _____

11) Quelqu'un vous a déjà menacé de
mettre le feu à votre clavier si vous
ne faisiez pas la vaisselle.   _____ _____

12) Vous avez déjà pensé prendre une hypo-
thèque sur votre maison pour payer
votre facture de connexion à Internet.   _____ _____

13) La dernière fois que vous avez vu votre
conjoint(e), c'était sa photo sur votre
site Web personnel.   _____ _____

14) Vous avez créé un programme pour
vous rendre plus rapidement au bas
de la liste de votre signet.   _____ _____

15) Vous avez une carte télé à même
votre ordinateur pour pouvoir
naviguer en regardant la télé.   _____ _____

16) Vous envoyez plus souvent du courrier
électronique à votre conjoint(e) que
vous ne lui parlez de vive voix.   _____ _____

17) Avant de partir en voyage, vous
demandez à l'agent de voyages
si l'hôtel offre une connexion Internet.   _____ _____

18) Vous avez déjà pensé arrêter l'horloge
de votre ordinateur pour économiser
votre temps de connexion.   _____ _____

	Vrai	Faux

19) Vous commencez à utiliser des codes HTML dans vos lettres personnelles écrites à la main.   ____   ____

20) En arrivant à la maison, vous vérifiez votre courrier électronique avant même de regarder dans la boîte aux lettres ou d'écouter le répondeur.   ____   ____

21) En lisant ces questions, vous n'avez qu'une seule envie, retourner naviguer sur Internet, car vous avez déjà la nostalgie de votre dernière balade.   ____   ____

22) Vous allez chez un ami, et à mi-chemin vous vous rendez compte que vous ne connaissez que son adresse électronique.   ____   ____

23) Vous vous envoyez un courrier électronique par jour juste pour vérifier si votre système fonctionne bien.   ____   ____

24) Vous avez pensé créer un logiciel de recherche à partir des adresses de votre signet.   ____   ____

25) Les adeptes d'une secte ont commencé à vous envoyer du courrier électronique et viennent vous visiter sur votre site Web.   ____   ____

Analyse des résultats

Si vous n'avez aucun vrai

Vous avez démontré que même quelqu'un qui ne présente aucun symptôme de l'internaute compulsif peut passer ce test. Dormez sur vos deux oreilles, car vous courez très peu de risque de devenir dépendant du réseau Internet. Avec un tel résultat, vous n'utilisez que très rarement Internet et avec le peu de temps que vous passez en-ligne, votre cerveau a réussi à développer un anticorps pour résister au grand réseau. Entre nous, trouvez-vous le réseau Internet vraiment intéressant?

Si vous avez entre 1 et 10 vrais

Il est évident que vous faites une utilisation exemplaire d'Internet. Vous avez cependant quelques faiblesses quand vient le temps de prendre vos distances face au monde virtuel. Il n'est pas trop tard pour remédier au charme d'Internet. Entre une heure de branchement sur l'inforoute et une heure de sport ou de loisir, vous choisirez encore le sport. L'internaute compulsif, lui, ne sait plus ce qu'est le sport à l'exception des sites sportifs qu'il visite sur le World Wide Web et des résultats de matchs qui lui sont envoyés automatiquement par courrier électronique. Mais, rassurez-vous, vous faites encore partie de la majorité des utilisateurs d'Internet qui cherchent à en rentabiliser sainement l'usage.

Si vous avez entre 10 et 15 vrais

Attention, vous êtes une victime potentielle! Trop de gens ont débuté comme vous, en s'abonnant à des listes de discussion, en inscrivant leur adresse électronique sur leur carte professionnelle. Vous pouvez encore vous en sortir.

Tout de suite après la lecture de ce questionnaire, décrochez le téléphone, et appelez un ami ou un être cher pour communiquer de vive voix avec lui et prenez rendez-vous pour le rencontrer en personne dans un endroit sympathique. Répétez ces invitations jusqu'à épuisement. L'important est de sortir de la maison ou du bureau le plus souvent possible. Rapidement, vous n'aurez plus de temps pour naviguer et l'envie de vous brancher sur Internet diminuera.

Si vous avez entre 15 et 20 vrais

Holà! Vous êtes très sérieusement branché sur Internet! Mais tout n'est pas perdu, vous pouvez encore utiliser votre obsession pour vous faire du bien. Il existe, dans les forums de discussion et sur le World Wide Web, des groupes de soutien pour venir en aide à des gens comme vous. Une seule note positive: à passer autant d'heures branché sur le Net, votre fournisseur de services vous contactera très probablement bientôt pour acheter des parts dans son entreprise.

Si vous avez entre 20 et 25 vrais

Bien honnêtement, je ne croyais pas avoir de lecteur aussi branché que vous. Vous avez probablement reçu ce test par courrier électronique, et c'est aussi très probablement votre conjoint ou conjointe (la personne à côté de vous sur la photo de votre site Web) qui vous l'envoie. À répondre vrai à toutes ces questions, il y a de bonnes chances que vous soyez un membre d'Internet Society et pensiez sérieusement à poser votre candidature pour devenir membre du conseil d'administration. Je me demande vraiment si, dans votre cas, il y a quelque chose à faire. J'imagine qu'un jour, on verra votre nom dans *Le Livre des records Guinness* sous la catégorie «l'internaute qui a passé le plus de temps branché» ou encore «l'internaute qui a reçu le plus de courrier en une minute». Bonne chance dans votre vie virtuelle. Si j'étais à votre place, une fois la lecture de ce questionnaire terminée, je profiterais des prochaines minutes pour vérifier s'il y a toujours des gens autour de moi ou s'ils ont disparu. Savez-vous depuis combien de mois vous êtes seul?

Conclusion

Depuis deux ans et demi maintenant, je navigue de façon régulière sur Internet. Pas une semaine ne passe sans que j'y laisse 35 heures de recherches, de promenades et de découvertes. Grâce à mon travail de réalisateur d'un magazine Internet pour la radio d'État, puis de coordonnateur de l'inforoute toujours pour Radio-Canada, j'ai eu la chance de rencontrer bien des gens branchés sur le réseau Internet, mais aussi des gens non branchés qui se posent bien des questions à propos de tous ces changements, tous ces chambardements autour d'eux. Certains ont littéralement peur: peur de passer à côté de quelque chose d'important, peur d'être dépassés par cette nouvelle technologie. Et pourtant, ils ne devraient pas s'inquiéter. Car Internet, c'est d'abord et avant tout un gros réseau d'ordinateurs branchés les uns aux autres pour nous permettre de communiquer et d'échanger de l'information. Internet, c'est finalement un outil de plus pour se faciliter la vie.

Dans un environnement qui s'y prête, le réseau Internet devient un outil de communication indispensable une fois qu'on en prend l'habitude. Le courrier électronique devient une pierre angulaire dans sa communication de tous les jours; le World Wide Web, un moyen de trouver des renseignements rapidement, et les forums de discussion, un excellent moyen de partager de l'information. Et cela, je le sais très bien pour le vivre tous les jours depuis plus d'un an et demi. J'utilise autant le courrier électronique au bureau qu'à la maison. Au bureau, la majorité de mes échanges se font par courrier électronique. À toute heure du jour, je peux joindre des gens aux quatre coins de la planète ou du pays

167

pour développer des projets, travailler sur des reportages ou vérifier des informations. Chaque matin, je reçois dans ma boîte aux lettres électronique une revue de presse personnalisée selon mes intérêts, tirée des grands quotidiens québécois et américains. En déplacement, je garde toujours le contact avec le bureau et la famille en accédant à mon courrier à des milliers de kilomètres de la maison. J'utilise même le courrier électronique pour communiquer avec mes parents de temps à autre. Et demandez à mon éditeur combien il est plus facile de me joindre par courrier électronique que par téléphone.

Même chose pour l'utilisation du World Wide Web. Mes deux derniers voyages en Europe ont été planifiés en utilisant le Web. Que ce soit pour découvrir un nouvel aéroport que je ne connaissais pas, trouver l'horaire des trains, louer une voiture à l'arrivée ou même consulter des gens de l'endroit par conférence Usenet, pour me trouver un bon hôtel situé près de ma destination, le réseau Internet est devenu pour moi un outil de communication aussi pratique que le téléphone ou le télécopieur. Imaginez, même la planification de la réception qui a suivi mon mariage a été faite à partir d'Internet.

J'ai beau utiliser Internet de façon quotidienne, si ce n'était le contenu francophone présent sur Internet, je ne crois pas que j'y passerais autant de temps. Je trouve très agréable de pouvoir visiter et consulter des sites Web dans ma langue maternelle, et c'est ce qui m'a amené à devenir un ardent promoteur de la présence francophone sur Internet. Un peu comme à l'époque de la conquête, j'ai l'impression que, dans ce nouveau monde virtuel, tout est encore à faire. Dans ce guide, j'ai répertorié plus de 500 sites d'intérêt général, 200 sites reliés au monde de l'éducation et 100 forums de discussion Usenet francophones, mais qu'est-ce qui nous empêche d'augmenter cette présence francophone sur Internet? Rien du tout. Dans le monde cybernétique, la francophonie aura la place que les francophones voudront bien prendre. Mais, pour cela, il faudra d'abord que des francophones se prennent en main et décident de faire leur part pour le cybermonde de la francophonie.

Entre-temps, j'espère que ce livre vous permettra de faire de belles découvertes et surtout de profiter de la présence francophone sur Internet. Je souhaite que vous trouviez une petite place pour ce livre tout près de votre ordinateur, ainsi vous pourrez l'utiliser à chaque session de navigation. Et, en terminant, j'en profite pour vous inviter à communiquer avec moi, pour tous commentaires, à l'adresse suivante: *bgug@Mlink.net*

Bonne navigation, et à très bientôt sur les routes virtuelles de la francophonie.

Index

B

D

E

F

G

H

I

M

Q

R

S

T

U

imprimerie gagné ltée

IMPRIMÉ AU CANADA